hänssler

Elisabeth Elliot

Wege durch das Leiden

Führung in schweren Zeiten

hänssler-Paperback
Bestell-Nr. 392.594
ISBN 3-7751-2594-9
2. Auflage 2003

© Copyright der amerikanischen Ausgabe 1990 by Elisabeth Elliot Gren
Originaltitel: A Path Through Suffering
Übersetzt von Friedlinde Horn

© Copyright der deutschen Ausgabe 1996 by Hänssler Verlag, D-71087 Holzgerlingen
Internet: www.haenssler.de
E-Mail: info@haenssler.de
Titelfoto: Michael Pawlitzky
Umschlaggestaltung: Martina Schmidt
Satz: AbSatz Ewert-Mohr, Klein Nordende
Druck und Bindung: Ebner & Spiegel, Ulm
Printed in Germany

Dieses Buch ist

Elizabeth Paeth-Lasker

gewidmet.

Als Ärztin gab sie mir mehr als nur medizinische Beratung. Als Mutter von fünf Kindern weiß auch sie von Leid und Mut der Liebe zu sagen. Und als meine Freundin brachte sie meinem Anliegen das nötige Verständnis entgegen.

Danksagung

Mein aufrichtiger Dank gilt Ann Spangler und Mary Case von »Servant Publications« für ihre Hilfe. Außerdem danke ich allen, die mir freundlicherweise erlaubten, ihre Geschichten weiterzugeben.

Inhalt

1 Das Zeichen des Kreuzes 13
2 Ein sauberer Schnitt 19
3 Das neue Blatt 25
4 Beschneiden des Weinstocks 30
5 Leben aus dem Tod 35
6 Der Frühling kommt bestimmt 40
7 Gesegnete Unannehmlichkeiten 47
8 Auch die schönsten Blütenblätter müssen abfallen 52
9 Offene Hände 57
10 Die Stunde der Verlassenheit 64
11 Nichts zu verlieren 70
12 Die Lieder des Leidens 75
13 Tod in uns – Leben in dir 81
14 Die letzten dünnen Fäden 86
15 Geknickt und abgebrochen von den Stürmen 92
16 Der Punkt der Verzweiflung 98
17 Der Todesstoß 104
18 Vollkommen angepaßt 111
19 Ja zum neuen Leben 116
20 Leidende Liebe 122
21 Die Winde Gottes 127
22 Das eine, was nötig ist 133
23 Auflösung und Zusammenbruch 140
24 Der göttliche Fahrplan ist fehlerfrei 144
25 Eine Heimat in der Wüste 149
26 Für die Freude, die vor uns liegt 156
27 »Und es wird keine Nacht mehr sein...« 163

Vorwort

Zu den Besuchern, die in den dreißiger Jahren zu Tania Blixens' Farm in Afrika kamen, gehörte ein wandernder Schwede namens Emmanuelson, ein tragischer Schauspieler, wie er behauptete. Er verbrachte eine Nacht auf der Farm und machte sich am nächsten Morgen zu Fuß auf den Weg nach Tanganjika. Das geschah trotz der Warnungen seiner Gastgeberin. Sie meinte, daß es keinem Menschen möglich sei, dieses Vorhaben durchzuführen. Es gäbe kein Wasser im Reservat der Massai, und die Löwen seien dort gerade jetzt besonders schlimm. Jedoch hörte sie später von ihrem früheren Gast, daß er es tatsächlich bis Tanganjika geschafft hatte und daß die Massai ihn auf seinem Weg ganz besonders freundlich behandelt hatten.

»Es schien mir eine tolle Sache zu sein, daß Emmanuelson Zuflucht bei den Massai gesucht hatte und daß sie ihn akzeptiert hatten«, schrieb Blixen in ihrem Buch *Jenseits von Afrika*. »Die wahre Aristokratie und das wahre Proletariat aller Welt haben beide eine Beziehung zum Tragischen, der Notsituation. Für sie ist es ein fundamentales Prinzip Gottes und ein Schlüssel zur Existenz – nicht der Hauptschlüssel, aber vielleicht die ›Moll-Tonart‹. Sie unterscheiden sich in der Hinsicht von der satten Bürgerlichkeit aller Färbungen, die die Tragödie leugnet, die sie nicht tolerieren will und für die die Welt des Leides einfach nur Mißvergnügen bedeutet.«

Vielleicht ist das gerade der Schlüssel zum Leben, den wir verloren haben. Leiden, selbst in seinen mildesten Formen – Unbequemlichkeit, Verzögerungen, Enttäuschung, Verdruß oder irgend etwas, das nicht mit unseren Launen und Vorlieben übereinstimmt, wollen wir nicht mehr hinnehmen. Wir lehnen es einfach ab und leugnen es. Das Ergebnis ist Streß. Und Streß, so glaube ich, befällt vorrangig solche Menschen, die Blixen als »Bourgeoisie« bezeichnen würde.

Haben wir ein Grundprinzip Gottes aus unserem Leben verbannt? Ist nicht Leiden, Verlust, ja selbst der Tod ein Schlüssel zu unserer Existenz? Verlieren wir nicht unser Leben gerade deshalb, weil wir uns so hart darum mühen, es zu sichern und zu bewahren?

Ich bin weder Theologin noch Wissenschaftlerin. Das hat mich aber nicht daran gehindert, über diese Frage nachzudenken. Das Maß an Leid und Schmerz in meinem eigenen Leben (und das ist wenig im Vergleich mit den Leiden, von denen ich gehört habe) reichte aber aus, um mich nach der Bedeutung des Leides fragen zu lassen.

»Gibt es nicht Unrecht, das zu bitter für Versöhnung ist?
Was sollten die verzweifelten und schlimmen Jahre?
Hast du das Seufzen deiner ganzen Schöpfung nicht gehört?
Stöhnende Sklaven und weinende Frauen?«

Die Worte, die das tiefste Verstehen des Leidens in mir haben aufleuchten lassen, sind Jesu eigene: »Wahrlich, wahrlich, ich sage euch: Wenn das Weizenkorn nicht in die Erde fällt und erstirbt, bleibt es allein; wenn es aber erstirbt, bringt es viel Frucht.« (Joh 12, 24) Dies, so sagte Jesus seinen Jüngern, sei der Schlüssel zum Sinn des Leidens. Es gibt eine notwendige Verbindung zwischen Leiden und dem Glanz der Herrlichkeit Gottes.

Aber was bedeutet das im Leben eines ganz »gewöhnlichen« Mannes oder einer ganz »normalen« Frau? (Diese Frage stelle ich mir jedesmal selbst, wenn ich die Bibel oder Bücher über sie lese, wenn ich ein geistliches Gespräch höre oder mit anderen über geistliche Dinge zu sprechen versuche: welche Auswirkung muß sich daraus für mein eigenes Leben ergeben?)

Zwei kleine Bücher, die mittlerweile vergriffen sind, nehmen das Bild, das Jesus brauchte, in wunderbarer Weise auf, entfalten es. Sie haben mir maßgeblich geholfen, das Prinzip Gottes im Hinblick auf das Leiden zu verstehen. Es sind Lilias Trotters »Parables of the Cross« (Parabeln vom Kreuz) und »Parables of the Christ-Life« (Parabeln vom Leben als Christ).

Lilias Trotter wurde 1853 als siebtes Kind eines Geschäftsmannes in London geboren. Sie wuchs zu einem anmutigen, schlanken Mädchen mit großen braunen Augen heran, besaß einen beweglichen und scharfen Verstand und ein »Maß an Selbstlosigkeit, das ihr einen besonderen Charme verlieh.« Im Alter von dreiundzwanzig Jahren traf sie in Venedig mit John Ruskin zusammen, der ihre künstlerische Begabung erkannte und ihr Malstunden anbot. »Sie schien alles in dem Augenblick zu erfassen, in dem man es ihr zeigte, und jedesmal noch so viel mehr, als man sie eigentlich gelehrt hatte«, schrieb Ruskin einmal. Aber ihr Herz war anderswo. Sie hatte sich selbst, ihre Begabungen, ihr ganzes Leben Gott zur Verfügung gestellt. Es war dann eine große Enttäuschung für Ruskin und versetzte auch andere in Erstaunen, als sie beschloß, sich missionarischer Arbeit zu widmen. Man kritisierte sie, ja verachtete sie, aber ihre Begeisterung wurde dadurch nicht unterdrückt, sondern steigerte sich nur noch.

Aus irgendwelchen Gründen weckte Nordafrika starke Schwingungen in ihrer Seele. Sie glaubte, Gottes persönlichen Ruf zu hören, und landete 1888 in Algier, wo sie den Rest ihres Lebens verbrachte. Sie begründete die Algerische Missionsarbeit, die sich später mit der Nordafrikanischen Missions-Gesellschaft verband. Lilias Trotter starb 1928.

Bei der Beobachtung der Wüstenpflanzen fand sie das fundamentale Prinzip aller Existenz in tausendfacher Weise sichtbar gemacht – daß der Tod das Tor zum Leben ist. Mit Wasserfarben und Pinsel fing sie ein, was sie sah.

Wer wollte sagen, daß sie eine Närrin war, ihr Zuhause, die Möglichkeiten zur Verheiratung und vielleicht eine Künstlerkarriere aufzugeben (das alles waren doch mit Sicherheit Gottes gute Gaben)? Das letzte ihrer Aquarelle in »Parables of the Cross« hat den Sauerklee als Thema, der auf einem offensichtlich nutzlosen kleinen Häufchen von Zweigen und toten Blättern wächst. Sie schreibt dazu: »Gott mag ... die Dinge, die er in uns bewirkt hat, gebrauchen, um andere, uns völlig unbekannte Menschen zu segnen – wie diese Zweige und Blätter vergangener Jahre, deren eigene Existenz längst vergessen ist, nun dem neu entstehenden Sauerklee noch

Lebenskraft verleihen. Gott allein kennt die endlosen Möglichkeiten, die in einem jeden von uns verborgen liegen!

Sollten wir nicht unseren gesamten Lebensweg ihm und seinen Plänen mit uns anvertrauen? Wir vegetieren ja nicht so unbewußt dahin, wie dieses ›Grünzeug, das sich auf dem Boden dahinwindet oder auch in die Luft streckt‹, sondern erfreuen uns der freien Wahlmöglichkeit. Sollten wir nicht die Geschichte ihres kleinen Lebens in unser eigenes übersetzen?«

Ich bin eine dieser ihr unbekannten Seelen, die durch Lilias Trotters Hingabe und ihr Opfer gesegnet wurden. Da ist nichts von phantastischem Mystizismus zu spüren, sondern jede Wendung läßt die geistliche Realität erkennen.

Meine Leser mögen finden, daß ein Kapitel pro Tag zur Lektüre reicht (oder sogar mehr als genug ist). Die Auszüge aus den Parabeln, die jedem Kapitel voranstehen, bergen reiche Anregung zur Meditation. Möge der Herr es uns möglich machen, das dann in die praktische Wirklichkeit unseres Lebens zu übersetzen, was uns beim Nachdenken über die Tatsache des Leidens aufgeht.

Magnolia, Massachusetts im Juni 1990

Kapitel 1

Das Zeichen des Kreuzes

»Schon an den ersten Spuren des kommenden Frühlings begegnet uns dieses Zeichen des zukünftigen Sterbens. In vielen Fällen, wie z. B. bei der Kastanie, sieht man die Knospen fürs nächste Jahr bereits an der Spitze von Zweigen und Ästen, bevor noch das erste Blatt verwelkt ist. Blutrot leuchten sie uns dort in ihrem Ansatz entgegen.

Im ersten Jugendstadium der Pflanze findet man die rote Farbe in Keimblättern und frischen Trieben und selbst in noch versteckten Knospen. Schauen wir uns doch einmal eine Eichel an, wenn sie ihre Schale aufbricht. Der junge Baum trägt auch hier schon sein ›Muttermal‹«.

Ein sechsjähriger Junge schrieb mir: »Meine Großmutter hat einen Gehirntumor. Der Arzt sagt, daß sie nur noch sechs Monate leben wird. Können Sie mir helfen?« Er hatte ein Foto von sich selbst dazugelegt. Ich hielt es in der Hand und betrachtete aufmerksam das kleine Gesicht – so liebenswert, so wehmütig. Konnte ich etwas für ihn tun?

Es war nicht das erste Mal, daß ich einer solchen Frage begegnete. Was sollte ich, eine junge Missionarin im Urwald, meinem eigenen zweijährigen Kind sagen, als es lernte »Jesus liebt mich« zu singen und dann wissen wollte, ob Jesus auch ihren Daddy geliebt habe? Ich sagte ihr voller Überzeugung: »Ja«. Schon kam die nächste Frage: »Warum ließ er es dann zu, daß die Auca-Indianer ihn töteten?« Einem kleinen Mädchen kann man zwar anschaulich darstellen, daß der Tod des Vaters für ihn ein Tor zu neuem Leben ist. Aber wie sollte ich ihr erklären, daß der Tod auch eine befreiende, schöpferische Kraft besaß? Ich konnte es nicht. Doch eine Antwort mußte ich geben – eine glaubwürdige Antwort. Ich kannte nicht alle Gründe Gottes, warum er uns in Leid kommen ließ. Diejenigen, die für mich feststanden, konnte Valerie damals noch nicht verstehen, soviel war mir klar. Aber daß Gott Gründe für sein Handeln hatte, dessen war ich sicher. Und daß es Gründe waren, die aus seiner Liebe kamen, das wußte ich auch. Die Gewißheit, daß das Leid nicht umsonst war, tröstete mich, und diesen Frieden gab ich an mein Kind weiter.

Die gleiche Frage hatte ich in meiner eigenen Kindheit schon gestellt. Vater und Mutter sangen abends an unseren Betten:

»Sicher in Jesu Armen
sicher an seiner Brust
ruhend in seiner Liebe
da find ich Himmelslust.«

und:

»Weil ich Jesu Schäflein bin,
freu ich mich nur immer hin,
über meinen guten Hirten,
der mich wohl weiß zu bewirten,
der mich liebhat, der mich kennt,
und bei meinem Namen nennt.«

Aber dann kam die schreckliche Nachricht, daß man das Baby des berühmten Charles Lindbergh gekidnappt hatte. Ich war entsetzt und völlig verstört. Liebte Jesus dieses Kind nicht?

Eine Missionarin war in unserem Haus zu Gast gewesen, als ich etwa vier Jahre alt war. Vier Jahre später schlugen ihr chinesische Kommunisten den Kopf ab. Das Zeitungsfoto habe ich nie vergessen, auf dem ihr verwaistes Kind aus einem Reisstrohkörbchen herausschaut. Eine chinesische Christin trägt es, die das Kind fand. Jesus läßt es zu, daß Missionarinnen umgebracht werden. Und er läßt es zu, daß Babys ihre Eltern verlieren.

Ich hatte in meiner Kinderzeit eine sehr lebhafte Freundin – Essie McCutcheon. Wenn sie durch die engen Gäßchen und die Hinterhöfe anderer Leute rannte, konnte ich nur keuchend mit ihr Schritt halten. Ihre phantastischen Geschichten ließen mir oft die Haare zu Berge stehen: Ein Riese mit einem Streichholz so groß wie ein Telefonmast steckte das Nachbarhaus an und ließ es ganz abbrennen; oder: Sie hatte angeblich unter der hinteren Veranda eine Leiche gefunden. Wir waren gleichaltrig, aber sie war mir weit voraus. Sie nahm ihren kleinen Bruder, der noch im Babyalter war, morgens aus dem Bettchen, wechselte seine Windeln und schleppte ihn in die Küche, wo sie für ihn und alle anderen das Frühstück bereitete. Diese Energie und Phantasie, die sie hatte – und dabei soviel Geschicklichkeit! Als wir beide neun Jahre alt waren, wurde die gute Essie schwer krank und kam ins Hospital. Ihre Schwestern und Eltern, meine Brüder und meine Eltern und auch ich – wir alle beteten für sie, daß der Herr sie heilen möchte. Er konnte das tun, wir wußten es. Aber Essie starb. Jesus läßt es auch zu, daß Kinder ihre besten Freunde verlieren.

Immer wieder stehen wir in unserem Leben vor solchen Straßensperren des Leides. Was fangen wir damit an? Von unserer Antwort auf diese Frage hängt es ab, was wir anderen sagen können, die Trost brauchen. Was sollte ich dem kleinen Jungen antworten, der um seine Großmutter in Sorge war? Sollte ich ihm bloß ein paar Bibelverse anbieten und es damit bewenden lassen? Diese vielleicht:

»Denn der Herr ist deine Zuversicht,
der Höchste ist deine Zuflucht.
Es wird dir kein Übel begegnen,
und keine Plage wird sich deinem Hause nahen.«
(Ps 91, 9-10)?

Ich weiß keine Antwort, die ich irgend jemandem geben könnte, außer der, die aller Welt im Kreuz gegeben ist. Dort ist damals das einzigartige Weizenkorn gestorben – nicht, daß damit der Tod das letzte Wort gehabt hätte, sondern daß das einen neuen Anfang bedeutete. So wie es auch im Kreislauf der Natur ist: Das Korn stirbt – die Ernte kommt daraus hervor. Die Sonne muß im Westen untergehen, wenn sie im Osten wieder aufgehen soll. Die blutrote Farbe findet sich schon in den winzigen Ansätzen der Triebe in der Eichel – sie sind zum Sterben bestimmt.

So mußte nun mein junger Briefschreiber schon im ersten Frühling seines Lebens den Spuren des Kreuzes begegnen. Ich konnte ihm natürlich nicht all das entfalten, was ich selbst aus den Gleichnissen der Natur gelernt hatte (und wie vieles gab es da immer noch für mich zu lernen!). Es ist ein langer Weg, bis wir die Liebe Gottes in unserem eigenen Leiden und durch es erkennen. Doch ich konnte diesen kleinen Jungen vor den Beweis der Liebe Gottes führen, zum Kreuz. Es ragt über alle Trümmer der Zeit hinweg und steht nackt und unwiderlegbar allen Tragödien der Welt gegenüber. Ich konnte ihm sagen, daß Jesus seine Großmutter wirklich liebte und ihn auch. Er konnte dessen ganz gewiß sein, weil Jesus auch für ihn gestorben ist.

Immer noch klingt mir Essies Lieblingslied in den Ohren:

»Wir singen von Jesus,
sein ist Gewalt und Macht,
er hat auf Golgatha
das Heil der Welt vollbracht.
Der große Gott ist er,
und aller Herren Herr,
wir lieben Jesus
mehr und mehr.«

Das Lied enthält einen logischen Gedanken und besitzt eine schwungvolle Melodie. Aber das Leid führt uns weit über Melodien und Logik hinaus. Wer von uns kennt nicht die Verwirrung, die Zwiespältigkeit, die Rastlosigkeit des Schmerzes? Unsere Seele ist dann ein Reich, das mit sich selbst uneins ist. Von seinem Aschenhaufen schrie Hiob in äußerster Qual auf. Israel klagte Gott an und beschuldigte Mose. Mose brachte ihre Klagen und ein paar seiner eigenen dazu vor den Herrn – warum, warum, warum? Unser Herr Jesus selbst kämpfte mit seinem eigenen Willen (»Wenn es möglich ist ... wenn es nicht möglich ist ... nicht mein, sondern dein Wille geschehe«).

Ich glaube, daß ich Jesus bereits in einem sehr frühen Alter gebeten habe, mein Erlöser zu sein. Bei der christlichen Erziehung, die ich genossen hatte, war das wohl nur natürlich. Ich habe keine Erinnerung an eine Zeit, in der ich mich nicht als Christ gefühlt hätte. Doch im Alter von zehn Jahren hörte ich eine Predigt zu dem Thema: »Der Mensch muß von neuem geboren werden.« War ich das? Da ich nicht sicher war, stand ich auf, als dazu eingeladen wurde, um öffentlich zu erklären, daß ich diesen Wunsch hatte. Zwei oder drei Jahre später lernte ich, daß Jesus nicht nur unser Erlöser, sondern auch unser Herr sein will und muß. Auch das bejahte ich und sprach ein Gebet der Hingabe. Betty Scott hatte es einst geschrieben, die Missionarin, die enthauptet worden war. Darin übergab ich all meine Pläne, Absichten, Wünsche und Hoffnungen, mein Ich, mein Leben, alles, was ich war und besaß, an Gott. Es sollte für immer ihm gehören. Ich bat ihn, daß er in meinem Leben seinen Willen voll zur Geltung bringen möchte – um jeden Preis.

Bei dieser Entscheidung, die ich im Alter von etwa zwölf Jahren traf, war mir das Prinzip, daß Leben immer aus dem Tod entsteht, natürlich nicht voll bewußt. Jemand hat einmal geschrieben: »Der Tod ist der einzige Ausweg aus einer jeden Welt, in der wir uns befinden.« Das neugeborene Baby stirbt für die Welt des sicheren warmen Lebens im Mutterleib. Der wiedergeborene Christ verläßt das alte Leben, »stirbt ihm ab«, und empfängt statt dessen das Leben aus Christus. Die Auslieferung des eigenen Willens – was kann noch sicherer »Tod« bedeuten? Aber es ist die Voraussetzung, um Gottes Willen, Gottes Leben, Gottes Freude zu empfangen.

Es ist für mich keine Frage, daß Gott solche Gebete beachtet, auch wenn sie von einem Kind gesprochen werden. Es macht nichts, daß wir nicht genau wissen, um was wir bitten. Er weiß es. Und er kennt auch unsere Verfassung und denkt daran, »daß wir Staub sind«. So führt er uns dann liebevoll und sorgfältig auf dem Weg, den wir gewählt haben und der der Weg des Kreuzes ist.

Als ich etwa vierzehn war, begann ich ernsthaft über die Worte aus einem meiner Lieblingslieder nachzudenken: »Unter dem Kreuze Jesu will ich zufrieden sein mit meinem Platz«. Was hieß das eigentlich konkret? War ich bereit, mir das Leuchten auf dem Angesicht Christi genügen zu lassen, (wo ich doch an alle möglichen anderen Lichter dachte, die ich mir erhoffte)? War ich bereit, weder auf Gewinn noch auf Verlust zu achten (ich hatte verschiedene ehrgeizige Pläne)? Ich wollte aufrichtig dazu bereit sein. Doch das war nur über einen Lernprozeß möglich.

Im College lernte ich das Lied Lucy A. Bennett's zu lieben: »O lehre mich, was es bedeutet, das Kreuz auf Golgatha.« Würde Gott nicht umgehend damit beginnen, wo ich ihn doch darum gebeten hatte?

Er tat es. Zuerst berührte mich das Kreuz auf eine einschneidende Weise, als es um meinen Herzenswunsch nach einer Ehe ging. Ich verliebte mich auf dem College in einen Mann, der Gott so verstanden hatte, daß er unverheiratet bleiben sollte – möglicherweise auf Lebenszeit, mindestens aber, bis er Erfahrungen als Dschungelmissionar gesammelt hatte. Da hatte ich nun Gelegenheit zu lernen, was es mit dem »Tod« auf sich hatte – mit dem Sterben des eigenen Willens. Es ging darum, das Kreuz auf sich zu nehmen, das hieß, den Willen Gottes bereitwillig zu akzeptieren, der meinen Hoffnungen so sehr entgegenlief. Es war nicht leicht. Aber das hat Jesus auch niemals gesagt. Das Gedicht von Amy Carmichael half mir ganz konkret:

»O Herr, so präg dein heilig Kreuzeszeichen
auf alle Lieblingswünsche und Motive.
Auf alles, was dem Ich dient,
setz den Stempel des Verlusts.

Und wenn der Hauch des Todes hier und da
auf Dingen liegt, die kostbar unsern Augen,
laß uns nicht stolpern, laß uns nur erkennen,
daß das Gebet die Antwort fand.

Das Kreuz bedeutet Leiden. Der Sinn des Leidens wird im Kreuz erkannt.

Kapitel 2

Ein sauberer Schnitt

»Die Botaniker sagen, daß sich um den Blattstiel herum im Herbst eine Schicht dünnwandiger Zellen bildet, die man ›die Schicht der Ablösung‹ nennt. Diese schieben und pressen die alten Zellen los und lösen sich dann selbst auf, bis ohne jede Kraftanstrengung das Blatt in einem sauberen Abbruch, fast wie mit dem Messer geschnitten, abfällt. Die Pflanze verurteilt das Blatt zum Tode, und Gottes Winde vollstrecken den Spruch.«

In alttestamentlichen Zeiten wurde das Leiden als etwas Böses angesehen. Im Neuen Testament sind Leiden und Böses nicht mehr identisch. Man stelle sich nur den Schock der Menge vor, als Jesus sagte, daß diejenigen glücklich zu preisen seien, die trauern, die arm und verfolgt sind und nichts besitzen. Wie konnte er nur so etwas sagen? Nur im Licht eines anderen Königreiches, einer anderen Welt, einer anderen Sicht von dieser Welt war das möglich. Er kam, um das Leben zu bringen – allerdings eine ganz andere Art von Leben. Und von den Begriffen dieses Lebens her müssen wir lernen, unser Leiden zu sehen. Ich habe entdeckt, daß es möglich ist, das Leiden von ganzem Herzen zu akzeptieren, wenn ich es aus dieser Perspektive sehe. Doch dann muß der Blick ständig aufs Kreuz fixiert bleiben.

Wenn das Kreuz der Platz ist, an dem das Schlimmste, das überhaupt nur passieren konnte, geschehen ist, so ist es doch auch die Stelle, wo das Beste aller Ereignisse stattfand. Äußerster Haß und höchste Liebe begegneten sich auf diesen Kreuzesbalken. Leiden und Liebe kamen zur Harmonie.

Während wir selbst keine Kraft hatten, uns zu helfen, starb Jesus für uns. Es ist schon eine Seltenheit – wie Paulus sagt – daß einer um eines guten Menschen willen stirbt, aber »...Gott erweist seine Liebe zu uns darin, daß Christus für uns gestorben ist, als wir noch Sünder waren. Um wieviel mehr werden wir nun durch ihn bewahrt werden vor dem Zorn, nachdem wir nun durch sein Blut gerecht geworden sind.« (Röm 5, 8.9)

»Bewahrt« werden (oder »gerettet«, wie es in anderer Übersetzung heißt) erfordert eine Ablösung vom früheren Leben, die so scharf und sauber sein muß wie ein Messerschnitt. Es muß eine Trennwand zwischen dem alten und dem neuen Leben existieren, ein radikaler Bruch zwischen beiden. Das bedeutet Tod – Tod für das alte Leben, damit das neue beginnen kann. »Wir wissen ja, daß unser alter Mensch mit ihm gekreuzigt ist, damit der Leib der Sünde vernichtet werde, so daß wir hinfort der Sünde nicht dienen. Denn wer gestorben ist, der ist frei geworden von der Sünde.« (Röm 6, 6.7)

Diese Trennwand, diese Barriere ist das Kreuz.

Von frühster Kindheit an wußte ich, daß jeder Mensch Jesus lieben sollte. Dann lernte ich allmählich, daß jeder »Jesus als seinen persönlichen Heiland annehmen« sollte. So weit ich es nur verstehen konnte, war das mein Wunsch, und so tat ich es – ich bat ihn, in mein Herz zu kommen, wie man es mich gelehrt hatte. Es war eine endgültige Entscheidung, und ich glaube, daß er meine Einladung annahm und zu mir kam. So weit, so gut. Mir wurde gesagt, daß ich nun »gerettet« sei, gerettet durch die Gnade. Das war ein Geschenk, eine freie Gabe von Gott. Erstaunlich. Einfach erstaunlich, daß der Herr des Universums, »...der das Haupt aller Mächte und Gewalten ist« (Kol 2, 10), »...der Selige und allein Gewaltige, der König aller Könige und Herr aller Herren, der allein Unsterblichkeit hat, der da wohnt in einem Licht, zu dem niemand kommen kann, den kein Mensch gesehen hat noch sehen kann« (1. Tim 6, 15.16) – erstaunlich, daß dieser gleiche Einzigartige sein Ohr zum Gebet eines Kindes oder eines Sünders in einem beliebigen Alter neigt. Und der, wenn er darum gebeten wird, beim Menschen einkehrt und in ihm seine Wohnung nimmt. Denn sein Name heißt »Immanuel«, d. h. »Gott mit uns«.

Wie soll er sich aber bei uns zu Hause fühlen, solange unser Leben nicht mit seinem heiligen Leben in Einklang ist? Solange er sein Leben nicht in uns ausleben kann und wir unser Leben nicht in Gemeinschaft mit ihm führen? Erlösung bedeutet Rettung aus dem Abgrund der Verlorenheit, aus dem schmutzigen Schlamm unseres Ich.

So mußte ich nun meine Entscheidung, Jesus aufzunehmen, obwohl ich sie ein für allemal getroffen hatte, auf vielerlei Weise bestätigen, durch Tausende von neuen Entscheidungen – mein ganzes weiteres Leben hindurch. Mein Wille oder Seiner, mein Leben (das alte) oder Sein Leben (das neue). Es bedeutet »nein« mir selbst gegenüber und »ja« zu Gott. Diese ständige Bestätigung muß gewöhnlich in den kleinen Alltäglichkeiten vollzogen werden: Unbequemlichkeiten akzeptieren, selbstlos Vorlieben aufgeben, taktvoll auf die Wünsche anderer hören, ohne den Märtyrer zu spielen, lernen, die Türen leise zu schließen und die Musik auf Zimmerlautstärke zu stellen, wenn man sie am liebsten voll aufdrehen würde – das mögen alles Leiden sein, aber bloß unbedeutende. Man könnte sie als kleine »Tode« ansehen.

Viele, die zu Christus kommen, haben eine lange, sündige und zerrüttete Vergangenheit. Die »Schicht der Ablösung«, das Kreuz, steht nun zwischen uns und unserer Vergangenheit. Wir müssen uns entschließen, uns davon zu trennen – nicht durch Kampf, sondern durch einen aufrichtigen Akt des Verzichtes im Namen Christi. »So laßt nun die Sünde nicht herrschen in eurem sterblichen Leibe, und leistet seinen Begierden keinen Gehorsam. Auch gebt nicht der Sünde eure Glieder hin als Waffen der Ungerechtigkeit, sondern gebt euch selbst Gott hin, als solche, die tot waren und nun lebendig sind, und eure Glieder Gott als Waffen der Gerechtigkeit. Denn die Sünde wird nicht herrschen können über euch, weil ihr ja nicht unter dem Gesetz seid, sondern unter der Gnade.« (Röm 6, 12-14)

Wenn Satan, der große Ankläger, diesen Akt des Verzichtes später verächtlich abtut und spottet: »Du Heuchler! Das war ja gar nicht dein Ernst! Du hast dich ja niemals wirklich Ihm zur Verfügung gestellt oder dich von uns getrennt!« – dann lauf zum Fuß des Kreuzes, unserem Zufluchts- und Bergungsort.

Je weiter wir auf diesem Weg zur Freude Gottes vorwärtsschreiten, desto schöner wird er. Es wird uns dann das Verständnis dafür geschenkt, daß jede fröhliche Aufgabe des Ich, die einem jungen Christen fast krankhaft und widerlich erscheinen könnte, nur ein kleiner Tod ist. Es ist wie das Abstoßen des toten Blattes vom Baum, damit ein neues, frisches dessen Platz einnimmt – wenn Gottes Zeit gekommen ist.

Kapitel 3

Das neue Blatt

»Von der ersten Stunde an, in der sich die Ablösungsschicht im Blattstiel zu bilden beginnt, ist das Schicksal des Blattes besiegelt. Es gibt keinen Augenblick mehr, in dem diese Entwicklung rückgängig gemacht werden könnte. Jeder folgende Tag bedeutet ein Stück weitere Erfüllung der Bestimmung: ›Dieses alte Blatt soll sterben und das neue soll leben.‹«

Meine Freundin Terri Knott wurde im Teenageralter Christ. Eine Zeitlang bedeutete das keine dramatische Veränderung. Aber sie begann regelmäßig die Bibel zu lesen und versuchte, als Christ zu leben. Es gab gewisse Spannungen zwischen ihr und ihrer Mutter – »typisch für Sechzehnjährige«, wie sie sagte. »Ich kam hin und wieder zu spät nach Hause, bekam ein ›Knöllchen‹ einen Häuserblock vor unserem Haus, vergaß, zu Hause Bescheid zu sagen, wenn ich später kam usw.«

Eines Tages entdeckte Terri, daß sie von der Bibel her die Anweisung hatte, ihre Eltern »zu ehren«. Was hieß das denn konkret? Sie dachte darüber nach. Sie betete darum. Die Antwort, die sie bekam, gefiel ihr nicht, weil es eine Art von Tod bedeutete – sie mußte sich unterordnen. Christ zu sein bedeutete Unterordnung unter Gott, was nahezu immer – in der einen oder anderen Weise – auch bedeutet, sich jemand anderem unterzuordnen, den er über uns gestellt hat. Oh! Wer von uns tut das gern? Terri war auch nicht begeistert davon, diese Anweisung zu realisieren. Aber sie wollte unbedingt Gott immer besser kennenlernen und seinem Willen Folge leisten. Weil sie ihn liebte, akzeptierte sie diesen persönlichen, sehr praktischen Tod für das »alte Blatt«. Und sie bat um seine Hilfe.

Eines Tages fragte sie um Erlaubnis, zu einer Party gehen zu können, die jemand gab, den ihre Mutter nicht kannte. »Der Fall wurde sehr genau geprüft«, sagte Terri, und die Antwort der Mutter lautete: »Nein!« Terris Reaktion überraschte sie alle beide. Statt der üblichen Argumente kam ein ruhiges »Okay«. Ein »neues Blatt« war tatsächlich schon ein bißchen hervorgekommen.

Sie ging in ihr Zimmer, setzte sich auf einen Stuhl und redete mit Gott: »Das ist ja nicht zu fassen, was sich gerade abgespielt hat! Mutter sagte ›nein‹ und ich sagte ›okay‹! Ich habe nicht einmal versucht, mit ihr zu streiten. Ich habe nicht einmal lauter gesprochen als sonst. Ich... ich glaube, das bedeutet: deine Mutter ehren, nicht wahr, Herr? Na gut, danke. Danke, daß du mir geholfen hast.«

Es gab keinen Augenblick, in dem die einmal getroffene Entscheidung rückgängig gemacht worden wäre. Es war ein ständiges Praktizieren ihrer Absicht, als Christ zu leben. Das vollzog sich nicht in einem Augenblick. Das war auch nicht die letzte kritische Situation, der sie sich gegenübersah. Es war eine Sache, bei der Gott ihr gezeigt hatte, daß etwas geändert werden mußte. Und mit seiner Hilfe hatte sie es geändert. Das ichbezogene Leben – ihren eigenen Weg zu verfolgen – mußte aufhören. Sie konnte das alleine nicht bewerkstelligen, aber sie konnte es wollen, und sie konnte beten. Sie bat Gott um Hilfe und bekam sie. Die Gnade befähigt uns, das zu tun, was wir von uns aus nicht tun können.

Viele unserer Leiden sind hausgemacht. Terri hätte denken können, daß sie alt genug war, um ihre eigenen Entscheidungen zu treffen und daß Gottes Wort mit der Sache nichts zu tun hatte. Doch dann wären die Spannungen nur größer geworden, und ihr Leiden hätte sich verlängert. Der Gehorsam brachte ihr Befreiung. Ein aufsässiges Kind Gottes verursacht sich selbst Schwierigkeiten, die es nicht zu haben brauchte. Die Schrift sagt: »... der Verächter Weg bringt Verderben.« (Spr 13,15)

»Befiehl du deine Wege
und was dein Herze kränkt

der allertreusten Pflege
des, der den Himmel lenkt...

...mit Sorgen und mit Grämen
und mit selbsteigner Pein
läßt Gott sich gar nichts nehmen,
es muß erbeten sein.« (Paul Gerhardt)

Wenn Terri versucht hätte, ihren eigenen Kopf durchzusetzen, hätte das erhebliche Frustrationen bedeutet. Doch das wäre eine unnötige Belastung gewesen. Statt dessen vertraute sie die Situation Gott an.

Aller Sünde liegt irgendwo Hochmut zugrunde. Und der Stolz ist es, der uns oft davon abhält, unsere Anliegen im Gebet vor Gott zu bringen. Wir haben den Eindruck, daß wir ganz gut allein fertig werden können. Oder wir fürchten, daß Gott uns Aufträge geben könnte, die wir lieber nicht ausführen möchten. (Was auch durchaus passieren kann, wie in Terris Fall, weil er uns nämlich liebt). Das ganze Leben eines Christen ist ein Prozeß, in dem das selbstsüchtige Leben sterben muß, damit das Leben Jesu in uns Wurzeln schlagen kann. »Er muß wachsen, ich aber muß abnehmen.« (Joh 3, 30)

»Wir müssen uns klarmachen, daß es nicht Gott ist, der für viele der ›Kreuze‹, die wir auf unserem Weg finden, verantwortlich ist – was wir so gemeinhin als »Kreuz« bezeichnen. Unser himmlischer Vater macht ›gerade Wege für unseren Fuß‹. Aber wenn der Weg, den Gott uns zeigt, nach Norden oder Süden geht, und unser Dickschädel uns nach Osten oder Westen drängen will, dann ist die Konsequenz daraus ein ›Kreuz‹ – aber ein selbstgemachtes. Das gehört dann nicht zu denen, von denen der Herr sagt: ›nehmt's auf euch und folgt mir...‹ und von denen es an anderer Stelle heißt: ›Das schwerste Ende trägt er immer selbst.‹« (Annie Webb-Peploe)

Einem Herzen, das sich willig öffnet, wird Gott die selbstgemachten Ursachen der Schwierigkeiten zeigen. Dafür gibt es viele Beispiele in der Heiligen Schrift, z.B. wenn man das Abendmahl in unwürdiger Weise empfängt (1. Kor 11, 27-30) oder an Sünde festhält (1. Petr 4, 17) oder – ein Grund für lang anhaltendes und schreckliches Elend – wenn man sich weigert, zu vergeben (Mt 18, 34-35).

Vor kurzem wurde jemand zu großem Zorn gereizt und ließ anschließend seine Gefühle an mir aus. Ich war sicher, daß ich das nicht verdient hatte. Aber als ich die Sache vor Gott brachte, erinnerte er mich an ein Gebet, das ich häufig ausgesprochen hatte: »Lehre mich, allem, was mir begegnet, mit Gelassenheit entgegenzutreten in der festen Überzeugung, daß dein Wille über allem steht.«

Sollte es sein Wille sein, daß ich so angegriffen wurde? Das sicher nicht, aber trotzdem hatte Gott die Kontrolle über alles. In einer von Sünde erfüllten Welt leiden (und verursachen) wir viel Unrecht. Gott ist da, um zu heilen, zu trösten und zu vergeben. Gott ließ einst aus der Sünde der neidischen Brüder Josephs Segen für viele entstehen. Und er würde auch diese Verletzung benutzen, um letztlich mich zu segnen und um die Liebe zwischen mir und demjenigen, der mir Unrecht tat, zu verstärken. Die Liebe ist sehr geduldig, sehr freundlich. Sie sucht nicht das ihre. Die Liebe schaut auf Gott und seine gnädige Hilfe.

»Ihr habt mich nicht hergesandt, sondern Gott hat es getan...«, sagt Joseph zu seinen Brüdern, die gehofft hatten, ihn endlich los zu sein. »Ihr gedachtet es böse mit mir zu machen, aber Gott gedachte es gut zu machen...« (1. Mose 45, 8; 50, 20) Hier finden wir Trost, wenn uns jemand Unrecht tut: Gott ließ die Dinge zu – und Gott meinte es gut.

Wenn wir beten: »Unser täglich Brot gib uns heute«, könnte uns als Antwort eine ärgerliche Attacke begegnen. Vielleicht brauchen wir gerade diese Gelegenheit, um nicht nur Vergebungsbereitschaft und Ausdauer zu lernen, sondern dazu auch Bescheidenheit und Freundlichkeit. Das sind Früchte, die nicht aus uns selbst entstehen, sondern nur durch den Heiligen Geist in uns. Amy Carmichael schrieb einmal: »Eine Tasse, die randvoll mit Süßem gefüllt ist, kann auch bei einer plötzlichen Erschütterung keinen einzigen Tropfen Bitteres verspritzen.«

All das gehört zu dem Prozeß, in dem wir von unserem alten Leben getrennt werden und ein neues in uns Gestalt gewinnt. Natürlich ist das schmerzhaft, aber wir sollten uns das Ziel anschauen. Wir wollen den Blick auf die Herrlichkeit richten, die Gott dabei im

Auge hat, seine Absichten akzeptieren und mit dem Psalmisten sagen: »...dein Knecht sinnt nach über deine Gebote. Ich habe Freude an deinen Mahnungen; sie sind meine Ratgeber...Ich laufe den Weg deiner Gebote; denn du tröstest mein Herz.« (Ps 119, 23.24; 32)

Kapitel 4

Beschneiden des Weinstocks

»Wenn der winterliche Tod sein Werk getan hat, kann die Sonne in jeder Pflanze wieder ihr individuelles Leben hervorbringen und entfalten. Sie kann ihrem Dasein wieder Fülle und wunderbaren Duft verleihen. Auch geistliches Wachstum bedeutet mehr als nur das Abwerfen des alten ›sündigen Laubes‹ – es bedeutet, daß das Leben Jesu in uns entfaltet wird.«

In Gottes Geschichte mit den Menschen ist das Leiden niemals sinnlos. Eine Reihe von Aussagen dazu finden wir im Johannesevangelium, wo gleichnishaft vom Beschneiden des Weinstocks die Rede ist.

Als Jesus sich von seinen Jüngern verabschiedete, sagte er ihnen geradeheraus, was sie in der Zukunft zu erwarten hätten. Sie würden viel leiden müssen. Sie würden gehaßt werden, ebenso, wie er gehaßt worden war. Sie würden verfolgt werden. Die Menschen würden ihre Lehre so wenig annehmen, wie sie seine angenommen hatten. Sie würden aus den Synagogen ausgewiesen und sogar getötet werden von solchen, die glaubten, Gott damit einen Dienst zu erweisen.

Und dann begründete Jesus, warum er ihnen all diese schweren Dinge mitteilte: Ihr Glaube an ihn sollte nicht erschüttert werden. Aller andere Glaube würde mit Sicherheit zusammenbrechen. Doch ein starkes und festes Vertrauen in ihn als den Christus Gottes würde Bestand haben bei allem, was auch geschah. Sie sollten ja sein Werk fortsetzen, ihn hier auf der Erde vertreten, die Träger des göttlichen Lebens sein, wenn das »fleischgewordene Wort« selbst hinweggenommen sein würde.

Und wie sollten sie das bewerkstelligen? Sie sollten in ihm bleiben, wurzeln, wohnen, sich bergen, ihre Heimat haben. Sie sollten leben, indem sie sein Leben teilten und seine Kraft erfuhren. Das Geheimnis wurde ihnen nicht theoretisch erklärt, sondern nur in einer Analogie deutlich gemacht. Die Beziehung zu ihm sollte sein wie die der Rebe zum Weinstock. Das Leben des Weinstockes ist auch das der Rebe. Sie hat kein eigenes Leben. Solange die Rebe am Weinstock hängt, wird sie ernährt. Schneidet man sie ab, stirbt sie.

»Ohne mich könnt ihr nichts tun«, sagte Jesus. Auf geistlicher Ebene gibt es kein Leben außer dem Leben Christi. In ihm leben wir. Ohne ihn sterben wir.

Weinstöcke müssen beschnitten werden. Das sieht von außen betrachtet grausam aus. Kräftige Zweige müssen entfernt werden, damit sich noch bessere entwickeln können. Es ist eine notwendige Sache, denn nur die gut geschnittenen Stöcke tragen die besten Früchte. Der Weinstock wird an bestimmten Stellen gekräftigt, indem andere Teile weggeschnitten werden. Das üppige Rankenwerk muß weg, damit die Sonne die Triebe erreichen kann, an die sie sonst nicht kommt. Das Beschneiden mehrt den Ertrag.

So ist es auch im geistlichen Bereich. Wir mögen wie Lancelot Andrewes im siebzehnten Jahrhundert beten: »O lenke mein Leben nach deinen Geboten, heilige mich, korrigiere mich, reinige meine Wünsche, Seele und Leib, Geist und Verstand, Herz und Absichten. Erneuere mich durch und durch, o Herr. Wenn du willst, kannst du das.« (Lancelot Andrewes and His Private Devotions)

Ich muß noch einmal an Terri denken. Ich glaube kaum, daß sie Andrewes Gebete kannte und nachsprach, aber sie wünschte sich augenscheinlich das gleiche. Und Gott hörte sie und begann, diesen Teenager auf seine Gebote hinzuweisen. Ein paar alte Äste und Zweige mußten dabei entfernt werden. Wenn wir um die Heiligung unserer Seele bitten, um die Korrektur unserer Gedanken und um all das andere, was dazu gehört, dann bitten wir darum, daß das Leben aus Jesus freien Zugang zu uns hat und seine Gaben in uns zur Auswirkung bringt. Müssen wir uns deshalb wundern, daß geistliches »Beschneiden« erforderlich ist? Wenn es dann geschieht, brauchen wir demütige Unterwerfung und Vertrauen auf die Kunst des Gärtners, der liebevoll und behutsam mit uns umgeht.

Behutsamkeit, Liebe?

Eine Pastorenfrau fragte: »Wenn jemand zusieht, wie ein Werk, für das er sein ganzes Leben eingesetzt hat, ›in Flammen aufgeht‹ (vor allem, wenn er keine Schuld daran trägt), ist das dann das Werk Satans oder die Hand Gottes?«

Ich schaute wie immer in der Bibel nach, um eine Antwort zu finden. Ich dachte an Moses wiederholte Anstrengungen, Pharao davon zu überzeugen, daß er das Volk gehen lassen müsse. Ich dachte an Jeremias Aufrufe zur Buße, an die Reformen des guten Königs Josia, die dadurch belohnt wurden, daß er selbst am Ende von einem heidnischen König erschlagen wurde. Ich dachte an Gottes eigenen Sohn, verachtet und abgelehnt. »Er war in der Welt, und die Welt ist durch ihn gemacht; aber die Welt erkannte ihn nicht. Er kam in sein Eigentum, und die Seinen nahmen ihn nicht auf.« (Joh 1, 10-11)

Sicher war Satan in jedem Fall am Werk, aber er war nicht der einzige, der aktiv war. Wenn ein Mann oder eine Frau zu Gott gehören (d. h. wenn die Rebe am Weinstock hängt), ist es in jedem Fall Gottes Hand, die die Rebe beschneidet, unabhängig von Zweitursachen. Ein Lebenswerk – das uns als vollkommen guter Zweig erscheinen mag, vielleicht als der einzig wichtige – mag abgeschnitten werden. Der Verlust scheint etwas Schreckliches zu sein, eine sinnlose Verschwendung. Aber wessen Werk war es? Diese Frage habe ich mir viele Male stellen müssen im Hinblick auf Aufgaben, von denen ich gedacht hatte, daß sie meine Berufung waren – mein Lebenswerk, offensichtlich nun zum Kehricht geworfen. War es mir nicht zuerst von Gott geschenkt worden und dann Tag um Tag an ihn zurückgegeben? Jesus sagt, daß Gott der Weingärtner ist, der sich um die Reben kümmert. Die Hand des Gärtners hält das Messer. Es geht um seine Ehre, wenn die besten Trauben reifen sollen. Deshalb brauchen wir nicht zu fürchten, daß er etwas gegen uns persönlich hätte oder uns seinem Feind, dem Satan, überließe. Gott ist immer und überall für uns.

Darum können wir die Dinge loslassen, die uns so sehr viel wert waren. Dinge, die einst Gewinn für uns bedeuteten, sehen wir dann als Verlust an. Und aus der scheinbaren Leere erwächst nun Schönheit und Reichtum.» »... um wieviel mehr werden die, welche die Fülle der Gnade und der Gabe der Gerechtigkeit empfangen, herrschen im Leben durch den Einen, Jesus Christus.« (Röm 5, 17) Die Reben »leben und herrschen« durch den Weinstock.

Aber, oh, der Schmerz während des Beschneidens! Einerlei, wie weitgehend wir die Notwendigkeit dieser Maßnahme verstehen – dem menschlichen Fleisch und Blut wird es sehr schwer. Doch die Härte wird gemildert (glaubt mir, es ist wahr), wenn wir uns der Wahrheit öffnen, die der Herr uns vor Augen stellt:

»Wenn ihr in mir bleibt und meine Worte in euch bleiben, werdet ihr bitten, was ihr wollt, und es wird euch widerfahren. Darin wird mein Vater verherrlicht, daß ihr viel Frucht bringt und werdet meine Jünger... Wenn ihr meine Gebote haltet, so bleibt ihr in meiner Liebe, wie ich meines Vaters Gebote halte und bleibe in seiner Liebe.« Das Beschneiden führt zur Freude. »Das sage ich euch, daß meine Freude in euch bleibe und eure Freude vollkommen werde.« (Joh 15, 7-11)

Manches klingt paradox. Wir verstehen es nicht. Alle Analogien versagen da. Doch wir können die Erfahrungen unseres Lebens dann immer wieder im Licht des Lebens Jesu anschauen, der selbst »Gehorsam lernte« – nicht an Dingen, die ihm Spaß machten, sondern im Leiden. Gab es Leiden in seinem Leben? Eine Menge. Mußte er Verluste hinnehmen? Verluste jeder Art. Ging es ihm um seine Ehre? Nein, sein einziges Ziel war es, seinen Vater zu verherrlichen, und genau das verwirklichte er in jedem Augenblick seines Lebens. Das Werk, das er tat, war das, was er seinen Vater tun sah. Die Worte, die er sprach, waren die Worte, die ihm sein Vater gegeben hatte. Der Sinn seines Kommens war, den Willen seines Vaters zu erfüllen. Er starb, weil er den Vater liebte. Er dachte nicht an sich selbst.

Er akzeptierte das Leiden. Er legte sein Leben freiwillig dem Vater zu Füßen. Er gab seine Seele in den Tod. Sollen wir, seine Knechte und Mägde, uns weigern, den gleichen Weg zu betreten?

»Am Weinstock hängen« heißt, unser Leben in Christus zu leben. Alles, was uns begegnet – Mutters weise Ablehnung eines

Teenager-Wunsches oder das »Aufgehen« eines Lebenswerkes »in Flammen« – müssen wir ausleben, wie Christus es tat, im Frieden mit dem Willen des Vaters. Hat das irdische Leben unseres Herrn nach außen hin wie ein glänzender Erfolg gewirkt? Gab es eindrucksvolle Zahlen über gewonnene Seelen zu vermelden, über Massen, die sich zu treuen Jüngern bekehrten, aufsehenerregende Predigten und ausgeführte Befehle? Kaum. Am Ende verließen ihn alle und flohen. Doch Petrus, der ihn elendiglich verleugnet hatte, bereute sein Tun und erkannte später ganz klar, was geschehen war. »... diesen Mann, der durch Gottes Vorsehung und Ratschluß dahingegeben war, habt ihr durch die Hand der Heiden ans Kreuz geschlagen und umgebracht. Den hat Gott auferweckt und hat aufgelöst die Schmerzen des Todes, wie es denn unmöglich war, daß er vom Tode festgehalten werden konnte.« (Apg 2, 23.24)

Es gibt auch nichts, mit dem der Tod einen der treuen Diener Gottes festhalten könnte. Wir können beruhigt sein, ein für allemal – wir verlieren niemals, was wir Christus geopfert haben. Wir leben und sterben in ihm. Und da ist immer auch Auferstehung.

Kapitel 5

Leben aus dem Tod

»Schau diesen kleinen Stechginsterzweig an. Im Laufe des Jahres ist der daraufsitzende Dorn immer härter und schärfer geworden. Dann kommt der Frühling. Der Dorn fällt nicht ab und wird auch nicht weicher. Da sitzt er, so kompromißlos wie eh und je. Aber auf halber Länge erscheinen zwei pelzige braune Bällchen, zuerst fast nur Pünktchen. Und dann verwandeln sich diese unmittelbar aus dem Dorn des letzten Jahres heraus in einen Flor duftenden goldenen Glanzes!«

Die Zeichnung, die Lilias Trotter ihren Worten beigelegt hat, stellt einen Zweig dar, der von großen und kleinen Dornen nur so strotzt. In alle Richtungen stehen sie ab. Doch die gelben Blüten haben einen Weg gefunden, sich in dieser so feindlich anmutenden Umgebung zu entfalten.

Eines Tages wanderte ich in England stundenlang die Klippen von Bournemouth entlang. Hier wächst der Stechginster in Überfülle. Es war Winterzeit, kalt und rauh, mit grauem Himmel und grauer See. Die Ginsterbüsche schienen erstorben zu sein, doch im Unsichtbaren war das Leben am Werk. Die Dornen waren gründlich gehärtet und geschärft und wiesen schon die winzigen Pünktchen an den Stellen auf, wo die pelzigen Bällchen hervorkommen sollten. Der winterliche Tod ist das notwendige Vorspiel für die Wiederbelebung im Frühling.

Viele haben schon tiefen geistlichen Trost in diesem unübersehbaren Gleichnis gefunden, das die Natur uns bietet in ihrem endlosen Kreislauf von Leben und Tod. Ich sage »unübersehbar«, aber ich hätte es selbst nicht erkannt ohne die Hilfe anderer, die eine klarere Sicht hatten als ich. Als Teenager las ich die Biographie von Thomas Walker aus Tinnevelly, geschrieben von Amy Carmichael. Was sich mir unauslöschlich einprägte, waren die Worte Jesu, unmittelbar bevor er zum Kreuz ging. Walker nennt sie den einzigen Weg, der Erfolg garantiert: »Wenn das Weizenkorn nicht in die Erde fällt und erstirbt, bleibt es allein; wenn es aber erstirbt, bringt es viel Frucht.« (Joh 12, 24) Jedesmal, wenn ich diese Worte höre oder lese, werden sie für mich neu lebendig, weil Thomas Walker und Amy Carmichael beide ihr Leben auf dieser Basis geführt haben. Sie waren bereit, dies Weizenkorn zu sein, das zu ergreifen, was der menschlichen Natur durchaus zuwider war, sich selbst in Südindien begraben zu lassen, damit andere das wahre Leben finden konnten. Wenn ich durch eigene Schuld und Gleichgültigkeit oder die Ablenkungen der Welt um mich herum dieses unveränderliche Prinzip verließ (und glaubte, daß ich das Sterben vermeiden und doch irgendwie geistlich fruchtbar sein könnte), klangen die Worte mir erneut in der Seele wider: »wenn es stirbt, wenn es stirbt, wenn es stirbt...«

Auch Lilias Trotter brauchte Hilfe von anderen und lernte von deren Erkenntnissen. Einer dieser Freunde war F. W. H. Meyers, dessen Gedicht »St. Paul« sie zitiert. Seine Worte »Der Juwel der Freude Gottes ist in Schmerzen gefaßt«, schrieb sie in das Bild vom Stechginster. Die Zeile stammt aus folgender Strophe:

»Welche Aufregungen und Sorgen auch an unserm Leben
nagen und es verderben und zerstören wollen –
Gott gewährt uns doch immer wieder eine Stunde des
Friedens und Vergessens und faßt in Schmerzen den Juwel
seiner Freude.«

Wir wissen wenig vom Leiden anderer. Wie gern würde ich z. B. tiefer in das Leben Meyers' hineinschauen, um zu wissen, in welchen Schmerz der Herr für ihn den Juwel der Freude gefaßt hatte. Ich weiß es nicht. Aber ich bin sicher, daß diese geistliche Einsicht ihm nicht ohne einen hohen Preis zuteil wurde. Er muß viele geistliche

Tode gestorben sein, bevor er in der Lage war, dieses lange und kraftvolle Gedicht über das Leben des Apostels zu schreiben.

Da finden wir es also veranschaulicht – im Blütenflor des Ginsters, der aus den Dornen hervorkommt, in der Weizenernte, die aus den einzelnen Körnern erwächst – das Evangelium, die gute Nachricht vom Leben aus dem Tod. Es ist gute Botschaft für jeden Menschen, in jede Not, in jede hoffnungs- und hilflose Situation hinein.

»Für mich gilt das nicht«, könnte jemand versucht sein, zu sagen. Sind Sie sicher, daß Ihre Probleme den Einen in Verlegenheit bringen könnten, der seit dem Anfang der Welt Blüten aus Dornen wachsen ließ? Ihre Dornen sind ganz besondere, oder? Sie verzweifeln an sich selbst, haben nicht das geringste Selbstwertgefühl mehr? Sie sehen keinen Grund mehr, warum Sie noch weiterleben sollten? Sie müssen unter sehr ungünstigen Bedingungen leben, zusammen mit unmöglichen Leuten? Sie kämpfen gegen unglaubliche Schwierigkeiten? Ist das etwas Neues? Das Volk Israel befand sich in einer auswegslosen Situation zwischen den Streitwagen Ägyptens und dem Roten Meer. Ihr Gott ist auch unser Gott. Der Gott Israels und der Gott, der den Stechginster schuf, schaut mit Liebe auf uns herab und sagt: »Es ist dir noch nichts begegnet, das nicht allen andern auch begegnen könnte. Ich werde damit fertig. Vertraue mir.«

Er will jede Form menschlichen Leides in etwas Herrliches verwandeln. Er kann die Probleme lösen. Er kann Leben aus dem Tod hervorbringen. Jedes Ereignis unseres Lebens birgt in sich die Gelegenheit, die schwerste Lektion zu lernen, die es auf Erden gibt: »Ich lebe, doch nun nicht ich, sondern Christus lebt in mir.« (Gal 2, 20) Wenn unsere Seelen in einem Winter, der hoffnungslos und endlos zu sein scheint, erstarrt sind, hat Gott uns deswegen doch nicht verlassen. Sein Werk geht weiter. Er bittet um unser Akzeptieren des schmerzlichen Prozesses und um unser Vertrauen, daß er uns tatsächlich Auferstehungsleben schenken will.

Wie oft bedrücken mich Dinge, die sich in der Zukunft vor mir aufzutürmen scheinen. Ich frage mich, wie ich damit fertig werden soll. Warum bringe ich sie nicht sofort vor den Herrn, der für das nächste Problem schon die nächste Gnade bereit hält? Warum vergißt man so leicht seine schlichte Aufforderung: »Wenn dir Weisheit fehlt – ich will sie dir geben. Wenn du Kraft brauchst – sie wird in dem Maß da sein, wie es erforderlich ist. Wenn du Führung suchst – ich bin dein Hirte. Wenn du Trost nötig hast – mein Name ist Tröster.«

Corrie ten Boom war eine Frau mit starkem Glauben und einem strahlenden Gesicht. Warum? Nicht, weil sie nicht gelitten hätte, sondern gerade weil sie ins Leid gekommen und ihm mit Gottvertrauen begegnet war (während des 2. Weltkrieges war sie im Konzentrationslager gewesen). Als sie die Tiefe menschlicher Hilflosigkeit und Schwäche erleben mußte, wandte sie sich an ihre »feste Burg«. Und Gott stand zu seinen Verheißungen.

Das Bild, das mir von ihr vor Augen steht und mir am meisten Mut macht, stammt aus ihrer Zeit in der Einzelzelle. Sie stand am Morgen auf und sang so laut, daß andere Gefangene es hören konnten: »Steh auf, steh auf, für Jesus!«

»Oh, das hätte ich nie überlebt!« mögen wir sagen. Nun, Gott hat uns auch nicht in diese Situation geführt. Es wäre aber möglich gewesen, wenn der Herr es zugelassen hätte, daß wir in die gleiche Lage gekommen wären. Wenn wir wie Corrie nach der nächsten Gnade des Herrn Ausschau gehalten hätten, hätten auch wir geistlich überleben können. Das heißt nicht, daß unser Körper nicht vielleicht getötet worden wäre, aber was hätte das ausgemacht? Jesus sagte: »Fürchtet euch nicht vor denen, die den Leib töten und danach nichts mehr tun können. Ich will euch aber zeigen, vor wem ihr euch fürchten sollt: Fürchtet euch vor dem, der, nachdem er getötet hat, auch Macht hat, in die Hölle zu werfen.« (Lk 12, 4.5) Mit anderen Worten heißt das: Fürchte Gott und werde alle andere Furcht los. Nichts im Himmel oder auf Erden oder in der Hölle kann dich noch erschrecken.

Die Erfahrung von Schwäche bringt uns dazu, die Kraft eines anderen zu suchen. Der Apostel Paulus hatte seinen eigenen »Pfahl im Fleisch«, der in einer Übersetzung als scharfer körperlicher Schmerz bezeichnet wird. Er kam als Botschafter des Satans, um ihn unter Druck zu setzen. Dreimal betete Paulus darum, daß er weggenommen würde. Hätte der Ginsterbusch darum bitten sollen, daß die Dornen weggenommen würden, damit die gelben Blüten hervorkommen könnten? So geht es nicht. Gott lehnte die Bitte des Paulus ab, weil er wünschte, daß daraus um unser aller willen die kostbare Blüte der Akzeptanz entstehen sollte. Das war die Gnadengabe, die seiner Not begegnen konnte. Doch diese Blume blühte nicht »trotz der Dornen«, sondern gerade wegen des Pfahls im Fleisch. Paulus konnte vermutlich die winzigen »Fleckchen« noch nicht sehen, an denen der helle Glanz der Herrlichkeit Gottes hervorbrechen würde. Konnte er ahnen, wieviel Millionen Menschen durch sein Beispiel getröstet und aufgerichtet werden würden? Die gefaßte Annahme einer schmerzlichen Sache, von der er wußte, daß Gott sie hätte ändern können? Nein, das konnte er nicht wissen. Und es ging ihn auch nichts an. Er hatte einfach die empfangene Antwort Gottes zu akzeptieren – eine Gnade nach dem Maß, wie er es nötig hatte.

Wenn man in Schmerzen drinsteckt, kann man kaum an etwas anderes denken außer an die Schmerzen. Amy Carmichael schrieb einmal, daß sie so schwach sei, daß sie weder denken noch beten könne. Doch sie schöpfte Trost aus dem Psalm: »(möge) das Aufheben meiner Hände (vor dir gelten) als ein Abendopfer.« (Ps 141, 2) Sie konnte sie einfach vor dem Herrn erheben – als Geste der Akzeptanz, der Anbetung, des Glaubens. Wir besitzen das Versprechen unseres Vaters, daß der Schmerz zu einer unvorstellbaren Herrlichkeit führen wird: »... dulden wir, so werden wir auch mit ihm herrschen.« (2. Tim 2, 12)

Kapitel 6

Der Frühling kommt bestimmt

»Wie trostlos würde uns das nackte Holz eines Obstbaums im Februar anmuten, wenn wir nichts vom Wunder des Frühlings wüßten.«

Manchmal kommt uns der Zustand unserer Seele so hoffnungslos vor wie der Anblick dieser kahlen Bäume im Winter. Nichts scheint mehr möglich. Gott hat uns vergessen, die Vorstellung vom Frühling ist absurd.

Das kahle Holz, nackt und trocken und spröde, gehört ebenso zum Leben des Baumes wie das Steigen des Saftes im Frühjahr. Der Herr trägt immer noch die Verantwortung für das, was geschieht. Er wirkt in geheimnisvoller Weise selbst dann, wenn er dem Feind unserer Seele Erlaubnis gibt, uns anzugreifen. Diese Erlaubnis wurde auch im Falle Hiobs gegeben. Und dabei war er doch ein Mann, der das Übel, das ihm begegnete, in keiner Weise verdiente. Er schrie auf:

»Warum bin ich nicht gestorben bei meiner Geburt? Warum bin ich nicht umgekommen, als ich aus dem Mutterleib kam? Warum gibt Gott das Licht den Mühseligen und das Leben den betrübten Herzen?« (Hiob 3, 11.20)

Die Frage nach dem Warum schließt die Überzeugung ein, daß es irgendwo eine Begründung des Geschehens geben muß. Irgend jemand muß dafür verantwortlich sein. Ein Wissenschaftler machte in der »TIME« eine Aussage, die für die heutige Zeit ungewöhnlich klingt: »Im letzten Grunde sind wir alle Kreationisten«, d. h. wir glauben an einen Schöpfer. Das überrascht angesichts der bis auf Gerichtsebene vorgetragenen Kämpfe um die Frage: Schöpfung oder Evolution in den öffentlichen Schulen. »Selbst diejenigen, die die Theorie vom Urknall vertreten im Hinblick auf die Entstehung der Welt«, so fährt der Schreiber fort, »müssen zugeben, daß irgend etwas den Urknall verursacht haben muß«. Meiner Ansicht nach gibt es nur zwei Möglichkeiten: entweder wurde der Knall von jemandem ausgelöst, oder er wurde überhaupt nicht ausgelöst. Das letztere würde bedeuten, daß die Entwicklung von ganz alleine aus dem Nichts heraus vor sich ging.

Hiob glaubte, daß jemand verantwortlich war für das, was geschah. Er wandte sich unmittelbar an Gott:

> »Warum blickst du nicht einmal von mir weg und läßt mir keinen Atemzug Ruhe? Deine Hände haben mich gebildet und bereitet; danach hast du dich abgewandt und willst mich verderben? Bedenke doch, daß du mich aus Erde gemacht hast, und läßt mich wieder zum Staub zurückkehren?« (Hiob 7,19; 10,8.9)

Seine Freunde beschuldigen ihn, falsche Vorstellungen zu haben, aufgeblasen zu reden und jeder Gottesfurcht zu ermangeln: »Denn er hat seine Hand gegen Gott ausgereckt und dem Allmächtigen getrotzt.« (Hiob 15,2.25)

Hiob dagegen nennt Elifas einen Schwätzer und sagt dann dazu, daß seine Freunde (jetzt seine Feinde) sich mit Gott nicht messen können: »Ich war in Frieden, aber er hat mich zunichte gemacht; er hat mich beim Genick genommen und zerschmettert. Er hat mich als seine Zielscheibe aufgerichtet; seine Pfeile schwirren um mich her. Er hat meine Nieren durchbohrt und nicht verschont; er hat meine Galle auf die Erde geschüttet.« (Hiob 16,12.13)

Manchen unter uns könnte das bekannt vorkommen. Wir mögen nicht so mutig oder so beredt wie Hiob sein, aber wir haben ähnliche Gefühle wie er. Einer der traurigsten Briefe, die ich je erhielt, kam von einem Mann, der sich selbst als einfach und unscheinbar, scheu und beinahe ungeschickt beschrieb. Aber er liebte seine Frau und seine Kinder und wäre gern der beste Gatte und Vater. Sein Brief wirkte überzeugend. Er schien von einem gewissenhaften und demütigen Mann zu kommen, dem es ganz ernst damit war, im Hinblick auf seine Notlage Belehrung und Korrektur zu bekommen. Bei ihm zu Hause sieht es so aus: Er spült das Geschirr und besorgt die Wäsche, räumt hinter allen auf, betet abends mit den Kindern und macht sie morgens für die Schule fertig. Er hat sein eigenes Geschäft, gibt aber alles Geld seiner Frau ab. Er führt sie zum Essen aus, bringt ihr Blumen mit und behandelt sie in jeder Hinsicht aufmerksam. Doch sie benimmt sich völlig unnahbar, sagt, daß sie keine Zeit für die Kinder und den Haushalt habe, und daß ihr Beruf für sie an erster Stelle komme. Sie schreit die Kinder an, bis sie heiser ist.

»Ihre Laune ist immer schlechter geworden. Ich tue, was ich kann, um sie nicht aufzuregen. Die Kraft dazu finde ich nur in der Überzeugung von der Unauflöslichkeit der Ehe, nicht mehr in romantischer Zuneigung. Ich bin total ausgelaugt. Ich brauche es dringend, daß man mir meine schlimmen Fehler und Mängel zeigt, so daß ich sie abstellen kann. Ich muß sehr viel davon haben, wie könnte es sonst möglich sein, daß jemand so lange Zeit so viel für einen anderen tut und keinerlei Anerkennung dafür bekommt?

Ich kann *sie* nicht ändern – höchstens mich. Aber wie? Ein alter Ackergaul senkt einfach seinen Kopf und geht weiter, bis die Arbeit getan ist. Ich weiß einfach nicht, was ich sonst noch machen könnte. Und ich bitte den Herrn um Kraft, solange es dauert.«

Da zeigt sich ein nur allzu bekanntes modernes Szenarium, das denen, die darin stecken, erscheint, als ob Gott es übersehe. Dieser Mann ist verwirrt, entmutigt, nahezu verzweifelt. Aber er weiß, daß Gott ihn nicht vergessen hat. Er betet weiter und sucht Gottes Hilfe und Korrektur.

Achten Sie darauf, daß Hiob niemals die Existenz Gottes leugnet und niemals glaubt, daß diese Schwierigkeiten rein zufällig über ihn gekommen sind. Ganz sicher hat Gott damit zu tun, und Hiob hat tausend Fragen an ihn.

Hiob war nicht bekannt, daß eine merkwürdige Begegnung vor einem himmlischen Gerichtshof stattgefunden hatte. Die Mitglieder des Gerichts, so lesen wir, hatten in der Gegenwart des Herrn ihre Plätze eingenommen, und auch der große Ankläger war unter ihnen. Ein Ankläger? Im Himmel? So wird es uns dort gesagt.

Gott fragt ihn, wo er gewesen sei, und seine Antwort klingt direkt schnodderig: »Ich habe die Erde hin und her durchzogen.« Dann lenkt Gott seine Aufmerksamkeit auf einen Mann, der einzigartig dasteht, unschuldig, aufrichtig, gottesfürchtig, allem Bösen feind – die Art von Mensch, gegen die Satan ganz sicher seine Kräfte ausprobieren möchte.

Er greift die Herausforderung auf. Es geht um Hiob. Es stimmt ja, daß er gottesfürchtig ist, aber er hat auch allen Grund dazu. Gott hat ihn ganz besonders bevorzugt, ihm seinen besonderen Schutz gewährt, ihm besondere Vorrechte und Segnungen zuteil werden lassen.

»›Aber strecke deine Hand aus und taste alles an, was er hat: was gilt's, er wird dir ins Angesicht absagen!‹ Der Herr sprach zum Satan: ›Siehe, alles, was er hat, sei in deiner Hand; nur an ihn selbst lege deine Hand nicht.‹« (Hiob 1,11.12)

Der Satan verschwindet aus der Gegenwart des Herrn, und dann wird Hiob alles weggenommen – Ochsen, Esel, Hirten, Schafe, Kamele, Söhne und Töchter. Bei all dem versündigte sich Hiob nicht. Er klagte Gott nicht an wegen dieser »unzumutbaren« Ereignisse.

Dann folgt eine zweite Szene im Himmel. Gott stellt dem Satan noch einmal die gleichen Fragen wie beim ersten Mal und erhält die gleiche Antwort. Und wieder fordert Gott den Satan heraus damit, daß Hiobs Glaubwürdigkeit bisher unerschüttert geblieben ist. Satan weist das zynisch zurück und sagt: » ... strecke deine Hand aus und taste sein Gebein und Fleisch an: was gilt's, er wird dir ins Angesicht absagen! Der Herr sprach zu dem Satan: ›siehe da, er sei in deiner Hand, doch schone sein Leben!‹« (Hiob 2,5.6)

Hiob wird von bösen Geschwüren befallen, verliert seine Gesundheit, seine gesellschaftliche Stellung (er landet auf einem Aschenhaufen) und das Vertrauen seiner Frau. Sie ist ein Mensch mit durch und durch weltlicher Einstellung und gibt ihm den Rat, Gott zu verfluchen und zu sterben.

Doch Hiob antwortet: »›Haben wir Gutes empfangen von Gott und sollten das Böse nicht auch annehmen?‹ In diesem allem versündigte sich Hiob nicht mit seinen Lippen.«

Hiob besteht den Test. Seine Aussage heißt: Und wenn er mich schlägt, will ich ihm dennoch vertrauen. Obwohl Gott keine seiner Fragen beantwortet, ist Hiob doch am Ende zufrieden, weil er Gott gesehen hat. Von dieser Vision sagt er allerdings auch, daß sie ihm zu hoch sei und daß er sie nicht verstehe. Die letzten Worte, die wir von ihm lesen, heißen: »Darum spreche ich mich schuldig und tue Buße in Staub und Asche.« (Hiob 42, 6) Der Aschenhaufen, der Ort seiner Qualen, wird die Stelle, wo er seine Vision erlebt. Die Schau Gottes bedeutet gleichzeitig das Erkennen seiner eigenen bitteren Armut und Unwissenheit. So wird der Aschenhaufen auch zum Platz der Buße.

C. S. Lewis bringt das Problem des Leidens, die Frage danach, auf die einfachste Formel: »Wenn Gott gut wäre, würde Er seine Geschöpfe vollkommen glücklich machen wollen; und wenn Gott allmächtig wäre, würde Er imstande sein, zu tun, was Er will. Nun aber sind die Geschöpfe nicht glücklich. Darum fehlt es Gott entweder an Güte oder an Macht oder an beidem.« (»Über den Schmerz«, S. 31) Und dann fährt er fort aufzuzeigen, wie das Problem unausweichlich verknüpft ist mit dem Geheimnis des freien Willens. Er benutzt dabei ein Bild aus dem Bereich des Schachspiels und schreibt:

> »Du kannst etwa dich selbst eines Turmes berauben oder dem andern hin und wieder erlauben, einen unachtsam gemachten Zug zurückzunehmen. Aber wenn du ihm alles zugestehst, was ihm im Augenblick gerade paßt, wenn alle seine Züge widerruflich sind, und wenn alle deine Figuren verschwinden, sobald deren Stellung auf dem Brett nicht nach seinem Geschmack ist – dann kannst du überhaupt kein Spiel machen. Ebenso ist es mit dem Leben der Seele in der Welt. Feste Gesetze, in kausaler Notwendigkeit gründende Folgerichtigkeit – das sind Grenzen, die das gemeinsame Leben einhegen, und ebendamit auch die einzige Möglichkeit eines solchen Lebens. Mach den Versuch, die Möglichkeit des Leidens auszuschließen, die mit der Ordnung der Natur und der

Tatsache des freien Willens gegeben ist, und du wirst finden, daß du das Leben selbst ausgeschlossen hast.«
(»Über den Schmerz«, S.39)

Das Buch Hiob ist einer der frühesten menschlichen Berichte, die wir überhaupt besitzen. Es erzählt von einem Mann, der mit dem Bösen konfrontiert wurde, und zwar von Gott selbst. Der lebendige Beweis eines lebendigen Glaubens wurde gefordert, nicht nur für Hiobs Freunde, sondern für unsichtbare Mächte in einer anderen Welt. Hiobs Leiden bildete den Kontext zu einer Demonstration des Vertrauens. Es wird oft von der Geduld Hiobs gesprochen. Doch hat seine Geduld mich immer weniger beeindruckt als sein Glaube, der so groß war, obwohl Hiob die neutestamentlichen Erklärungen im Hinblick auf Leiden ja noch gar nicht kannte (daß der Weinstock beschnitten werden muß, Dornen notwendig sind, Gold geläutert werden muß, wir die Leiden Christi zu teilen haben u. a.). Uns, die wir das Neue Testament besitzen, mag es so scheinen, als ob Hiob sehr wenig hatte, was ihm das Weiterleben möglich machte. Doch er brach das Gespräch mit Gott nicht ab.

Außerdem gibt es da noch die Geschichte Gideons. Wegen des Ungehorsams des Volkes Israel hatte Gott es in die Hand der Midianiter gegeben, die ihm sieben Jahre lang sehr zusetzten. Dann kam der Engel des Herrn zu Gideon, sagte ihm, daß Gott mit ihm sei und nannte ihn einen tapferen Mann. Gideons Antwort mag den meisten von uns bekannt in den Ohren klingen: Wenn der Herr auf Seiten des Volkes stand, warum waren all die schrecklichen Dinge passiert, und was war aus den wunderbaren Taten Gottes geworden, von denen die Vorfahren ihnen so viel erzählt hatten? Es sah für Gideon viel eher so aus, als ob Gott sie verworfen hätte. Das war aber gar nicht der Fall. Tatsächlich hatte er sogar die Erlösung des Volkes Israel geplant und Gideon als den Befreier erwählt. Dem verschlug es die Sprache. Wie sollte das möglich sein ... ?

Es ist eine wunderbare Geschichte für uns ängstliche und kleingläubige Menschen. Gideon hatte überhaupt keine positiven Gefühle bei der Sache und absolut kein großes Selbstvertrauen, das ihm den Rücken hätte stärken können. Er war unsicher sowohl im

Hinblick auf sich selbst als auch auf seine Familie. In seiner Furcht brauchte er unbedingt noch eine Bestätigung von Gott. Glücklicherweise handelte er dann nicht unter dem Einfluß seiner Befürchtungen und Zweifel, sondern gehorchte.

Gideon wußte noch nichts von der Erkenntnis, die uns durch das Leben und Sterben Jesu Christi gegeben ist. Wie klar sprach Jesus von der Notwendigkeit des Leidens (»In der Welt habt ihr Angst«, Joh 16,33; »So steht's geschrieben, daß Christus leiden wird«, Lk 24, 46). Und dann ging es um die Bedeutung dessen für die übrige Welt, um den lebendigen Beweis (»... denn es kommt der Fürst dieser Welt. Er hat keine Macht über mich; aber die Welt soll erkennen, daß ich den Vater liebe und tue, wie mir der Vater geboten hat.« (Joh 14, 30.31)

Das Leiden Hiobs mag für uns beispielhaft dastehen und uns Mut machen. Es war der notwendige Prüfstein für seinen Glauben, der sichtbar werden sollte – für uns, für seine Zeitgenossen und seinen Feind (seinen und unseren), den Satan. Das Leiden unseres Erlösers bewies seine Liebe zu seinem Vater. Und die Welt muß heute noch sehen, daß es Menschen gibt, die unabhängig von ihren Lebensumständen aus Liebe zu Gott seinen Willen tun. Der Ausgang, den der Herr dabei im Auge hat, ist ein herrlicher. Wir können uns fest darauf verlassen, wie wir auch ganz sicher damit rechnen können, daß an den kahlen Zweigen eines Tages ein üppiger Blütenflor hervorbricht.

Kapitel 7
Gesegnete Unannehmlichkeiten

»Blumen, die dazu neigen, sich durch Verdoppelung auf eine besondere Weise zu entfalten, sind am Ende unfruchtbar... Die ideale Blüte ist diejenige, die ihre Möglichkeiten mit einer bestimmten Zielsetzung nutzt. Der Glanz und der süße Duft sind kein Selbstzweck. Sie sollen die Bienen und Schmetterlinge anziehen, um die Blume zu befruchten.«

Augustin beschreibt in seinen »Bekenntnissen« sehr offen und detailliert seine eigenen seelischen Konflikte. Er schwankte zwischen Gut und Böse hin und her, sehnte sich nach ewigen Freuden und wurde gleichzeitig von seinen irdischen Lüsten niedergehalten. Weder das eine noch das andere konnte er von ganzem Herzen wünschen. Seelisch krank, gequält, sich selbst anklagend sagte er: »(Ich war) zerrissen von schweren Verwirrungen – in meinen Ketten mich windend und drehend. Und du, Herr, drücktest mich innerlich nieder mit einer schweren Gnade, verdoppeltest die Peitschenhiebe der Furcht und der Scham«. (Übers. a. d. Engl.) Und dann schüttet er sein Herz im Dank gegen Gott aus – im Dank für diese mancherlei »Peitschenhiebe«, die nötig waren, um ihn vor sich selbst zu erretten. Dank für Hiebe? Wer kann für Schmerzen danken? Nur diejenigen, die dahinter die unbeschreibliche Gnade sehen, zart und schwer, die im stillen am Werk ist.

Das Wort »Leiden« ist viel zu groß, um auf die meisten unserer Schwierigkeiten angewandt zu werden. Aber wenn wir nicht lernen, die kleinen Dinge zu Gott in Beziehung zu bringen, wie sollen wir dann die großen aus seiner Hand nehmen lernen? Eine Definition des Leidens, die alle Arten von Schwierigkeiten einschließt, große und kleine, ist folgende: »Haben, was du nicht willst oder wünschen, was du nicht hast.«

Die Wechselfälle einer Reise bringen vieles mit sich von dem, was Janet Erskine Stuart die »gesegneten Unannehmlichkeiten« nennt, d.h. Gelegenheiten, die in beide Kategorien der Definition passen.

Mein Gatte Lars und ich befanden uns auf dem Heimflug von Madison in Wisconsin. Ab Chicago mußten wir eine andere Maschine benutzen. Dabei ergab sich eine Stunde Aufenthalt. Ich setzte mich wie gewöhnlich in eine Ecke und überließ es Lars, sich um alles weitere zu kümmern. Er kommt immer gut mit den zuständigen Leuten zurecht. Obwohl wir Bordkarten hatten, ging er wie gewöhnlich noch einmal zum Schalter, um festzustellen, wo unsere Plätze waren und ob das Flugzeug sehr besetzt sein würde. Manchmal bekommt er auf diese Weise noch bessere Plätze. Als der Flug aufgerufen wurde, klappte ich mein Buch zu und folgte Lars in blindem Vertrauen.

»Sie sagten, daß das Flugzeug halbleer sei«, meinte er. »Wir können uns also einen Platz aussuchen.« Die Tickets wurden eingesammelt, die Bordkarten geprüft, und dann gingen wir die Gangway hinunter. Merkwürdig – das Flugzeug war voll besetzt. Auch unsere Plätze waren nicht mehr frei. Wir überprüften noch einmal unsere Platznummer, und die Leute, die auf unseren Plätzen saßen, taten es ebenfalls. Mal wieder ein Fall von Doppelbuchung! Wir sagten es der Stewardeß. Sie kontrollierte alle Bordkarten und fand keine Erklärung dafür. Schließlich hatte sie noch zwei Plätze für uns, allerdings nicht nebeneinander. Freundliche Passagiere boten uns an zu tauschen, und so saßen wir doch noch beisammen, schnallten unsere Sicherheitsgurte an und hörten, wie die Tür geschlossen wurde. Die Stimme des Kapitäns kündigte an: »Unser Flug nach Spokane (Washington) wird etwa drei Stunden dauern.« Ich zuckte zusammen und war plötzlich hellwach.

»Spokane?« fragte ich den Mann links von mir. »Hat er Spokane gesagt?«

»Allerdings. Was dachten Sie denn, wohin wir fliegen?«

Vielleicht können Sie sich vorstellen, in welchem Tempo wir von unseren Sitzen hochsprangen, unser Handgepäck an uns rissen und nach vorn drängten. Und stellen Sie sich unsere Verlegenheit vor und die Entrüstung der mehr als dreihundert Passagiere, deren Flugzeug volle fünfzehn Minuten Verspätung bekam, bis schließlich die Gangway wieder angeschlossen war und die Tür für uns geöffnet werden konnte. Wir waren dankbar, daß sich das Flugzeug noch nicht auf der Rollbahn befunden hatte, als wir die Ankündigung hörten. Die Maschine nach Boston war planmäßig um 18.55 Uhr gestartet – mit unserem Gepäck an Bord, ganz abgesehen von dem Meeresfrüchte-Menü, das Lars geordert hatte und um das es ihm leid tat.

»Na ja«, sagte Lars, als wir zum Terminal zurückgingen, »wir können die Maschine um 20.55 Uhr nehmen.«

»Hmmmm«, dachte ich im stillen. »Woher weiß er, daß um 20.55 Uhr eine fliegt?« Doch ich lerne immer wieder, daß man nicht allzu viele Fragen stellen soll. Ich finde, daß es nicht unbedingt nötig ist, und meist dient es nicht gerade einer friedlichen Atmosphäre. Im übrigen weiß Lars immer recht gut, was er tut.

Ich setzte mich wieder mit meinem Buch in eine Ecke. Er ging zum Schalter und kehrte mit der Meldung zurück, daß er für uns den Flug um 20.55 Uhr gebucht habe. Da würde es allerdings kein warmes Essen geben. Wir suchten uns nun einen Schnellimbiß-Stand und genossen von einem Styroporteller etwas nahezu Undefinierbares (auf der Karte stand: Chinesisches Menü). Als wir gemütlich zum Gate zurückschlenderten, warf ich einen Blick auf den Monitor, um mich zu vergewissern, daß wir diesmal auf dem Weg zum richtigen Durchgang waren. Da stand zu lesen: Boston, Flug Nr. . . . 20.25 Uhr gestartet.

Verzweifelt suchte ich nach der Maschine, die 20.55 Uhr fliegen sollte. Die gab es nicht. Was hatte meinen Mann auf diese falsche Fährte gebracht? Mit offenem Mund starrten wir uns an. Mir kamen ein paar häßliche Bemerkungen auf die Zunge, die ich meinem Mann gegenüber eventuell loswerden konnte. Ich entschied mich aber dagegen. Dann fingen wir beide laut an zu lachen. Mein Mann ging zum Schalter zurück.

»Bedaure, mein Herr. Der Flug 20.25 Uhr war der letzte, der heute abend nach Boston geht.«

»Und wie ist es mit einer anderen Linie?«

»Tut mir leid, nirgendwo eine Möglichkeit. Das war der absolut letzte Flug für heute.«

Wir fanden ein Hotel und flogen am nächsten Morgen früh nach Hause.

Die Geschichte klingt ganz amüsant – auf Abstand. Doch wir hatten ein anstrengendes Wochenende hinter uns gebracht und waren beide sehr müde. Wir wollten nur noch nach Hause. Leiden? Das war es natürlich nicht, wenigstens nicht im gewöhnlichen Sinn. Schwierigkeiten? Das schon eher. Wir wünschten uns, was wir nicht hatten – eine Rückflugmöglichkeit. Wir hatten, was wir nicht wünschten – eine Nacht in Chicago ohne Gepäck.

Warum?

Irene Webster-Smith, eine Japan-Missionarin, hatte sich als Lebensmotto drei Worte nach Philipper 4, 6 gewählt: »Alles durchs Gebet.« Ich versuche, auch für mich daraus eine feste Gewohnheit zu machen, einerlei ob es sich nun um große oder kleine Dinge handelt. Während Lars herumtelefonierte, um ein Zimmer für die Nacht zu bekommen, fragte ich Gott, was ich aus dieser Sache lernen sollte. Er erinnerte mich an eine Zeile aus dem orthodoxen Gebetbuch, das ich regelmäßig benutze. »Lehre mich, alles, was mir begegnet, mit Seelenfrieden und der festen Überzeugung zu akzeptieren, daß dein Wille über allem steht. Bei unerwarteten Ereignissen laß mich nicht vergessen, daß sie nicht gegen deinen Willen passieren.«

Hatte er dieses Gebet nicht beantwortet in dem Augenblick, als wir unter dem Monitor standen? Er war dabei, mich zu lehren. Er hatte mir Seelenfrieden gegeben. Er hatte mich nicht vergessen lassen, daß er selbst irgendwie mit im Spiel war. Er erinnerte mich daran, daß nichts umsonst war. Natürlich hätte ich gern genau gewußt, zu was es dienen sollte, aber dafür gab es keine Erklärungen. Wochen später gewährte er mir einen winzigen Einblick in einen Teil seines Planes. Ich erzählte den Vorfall in einer Gruppe, und dann sagte mir eine junge Frau hinterher: »Ich weiß, warum Sie zwei

Flugzeuge hintereinander verpassen mußten. Ich habe mich in Ihre Situation versetzt, und ich wußte ganz genau, daß ich wütend auf meinen Mann geworden wäre. Gott hat durch diesen Vorfall mit mir geredet. Er hat mich auch daran erinnert, wie dumm es ist, zu explodieren, wenn jemand einen Fehler macht – schließlich tut so was ja niemand mit Absicht.«

In Programmen, mit denen man sich selbst vervollkommnen will, stecken oft geheime Fallen. Es kann uns leicht gehen, wie Lilias Trotter es von Blumen beschreibt, die die Tendenz haben, über sich selbst hinauszuwachsen und dann Doubletten bilden: sie enden unfruchtbar. Wir können uns selbst nicht heiligen. Wir können uns nur dem Herrn überlassen. Tag für Tag müssen wir lernen, allem, was kommt, mit Seelenfrieden und der festen Überzeugung zu begegnen, daß Gottes Wille über allem steht. Auf diese Weise wird er uns geistlich wachsen lassen. Er wird die Ereignisse unseres Lebens so lenken – bis zur kleinsten Einzelheit – daß sie uns fruchtbar werden lassen für ihn. Es geht dabei nicht um uns, sondern um andere. Die Schönheit einer Blume ist kein Selbstzweck. Sie hält sich Gottes Sonne und Regen hin, schenkt ihren Duft jedem, der vorbeigeht, doch sie selbst muß welken und sterben, bevor die Frucht reifen kann.

Es flößt mir Ehrfurcht ein, dieses Prinzip immer wieder zu entdecken. Es bedeutete nur einen kleinen Tod, was ich dort auf dem O'Hare-Flughafen erlebte. Und es bedeutete eine große Gnade Gottes, daß er diesen Vorfall später benutzte, um einer Frau zu helfen.

Der Glaube braucht niemals zu fragen: »Aber was nützt die Sache mir?« Im Glauben wissen wir im voraus, daß alles, was geschieht, in irgendeiner Weise zum Guten dient – denen, die Gott lieben. Eine Unannehmlichkeit ist immer – ob wir das erkennen oder nicht – eine gesegnete Unannehmlichkeit. Wir mögen Ruhe finden in der Verheißung, daß Gott über Bitten und Verstehen Dinge zum Guten wendet. Wir müssen nicht unbedingt sehen, wozu es diente, oder wie und wo eine bestimmte Schwierigkeit etwas Positives auslöst. Es bedeutet schon Frieden, ihm alles zu überlassen und nur zu bitten: Tu mit mir all das, was du willst, überall und zu jeder Zeit, damit dein Name verherrlicht wird.

Kapitel 8

Auch die schönsten Blütenblätter müssen abfallen

»Das Prinzip (des Sterbens) findet sein Abbild in den Pflanzen. Wenn es sich entfaltet, bricht die Zeit des Fruchttragens an. Zuerst mußten die toten, welken Blätter abfallen. Jetzt kommen auch die schönen neuen Blütenblätter an die Reihe. Sie müssen weg, und das aus keinem ersichtlichen Grund – keiner scheint bei diesem Verlust etwas zu gewinnen.«

Eine junge Mutter rief an und bat um Fürbitte für sie, »um etwas, das mir hilft, dem Herrn zu vertrauen.« Sie fügte hinzu, daß sie mehrere kleine Kinder habe, daß sie selbst erst dreißig Jahre alt und nun an Krebs erkrankt sei. Die Chemotherapie hatte sie schon alle Haare verlieren lassen. Die Prognose war nicht gut. Konnte ich ihr sagen: »Machen Sie sich keine Sorgen. Gott wird Sie heilen!«? Ich konnte es nicht.

Als Jesus vor seiner Kreuzigung mit seinen Jüngern sprach, gab er ihnen ein Abschiedsgeschenk: Frieden, wie ihn die Welt nicht geben kann. Gilt diese Gabe uns nicht ebenso? Konnte ich ihr das vielleicht deutlich machen?

»Euer Herz erschrecke nicht und fürchte sich nicht«, fügte er noch hinzu – aber nicht, weil nichts »Schlimmes« passieren würde. Er wußte genau, was ihm bevorstand. »Ich werde nicht mehr viel mit euch reden, denn es kommt der Fürst dieser Welt. Er hat keine Macht über mich; aber die Welt soll erkennen, daß ich den Vater liebe und tue, wie mir der Vater geboten hat.« (Joh 14, 27.30-31)

Der Friede des Herrn war nicht abhängig davon, ob er dem

Tode entgehen konnte oder nicht. Ich konnte dieser lieben Frau keine körperliche Heilung versprechen. Ich konnte sie nur daran erinnern, daß der Herr sie niemals loslassen würde, daß seine Liebe sie und ihre geliebten Kinder jede Minute an jedem Tag und in jeder Nacht einhüllen würde. Und daß unter ihr ewige Arme sich ausbreiten würden.

Aber ist das genug? Bot ich ihr damit nicht reine Plattheiten an? Denken wir doch nur an das »Ausziehen«, das ihr bevorstand. Sie würde nicht nur ihre Schönheit, sondern ihre ganze Gesundheit verlieren, ihre Kräfte, vielleicht ihr Leben, was gleichzeitig die schreckliche Trennung von ihren Kindern bedeutete. Wem sollte das alles dienen?

Die schlimmsten Befürchtungen der Jünger schienen wahr zu werden, aber Jesus befahl ihnen – ja, es war wirklich ein Befehl – nicht zu erschrecken, sondern sich in seinem Frieden zu bergen. Alles würde gut werden, alle Dinge würden sich zum Positiven wenden – am guten Schluß. Doch zunächst würde der Fürst dieser Welt seine Stunde der Macht haben. Nicht daß Satan irgendwelche Rechte über Jesus gehabt hätte. Weit gefehlt. Und er hat auch keinerlei Recht über Gottes Kinder. Doch von Zeit zu Zeit muß es sich beweisen (sowohl vor der unsichtbaren Welt, wie bei Hiob, als auch vor der sichtbaren Welt), daß es so etwas wie einen gehorsamen Glauben gibt, Glauben, der nicht abhängig ist von den Wohltaten, die er empfängt. Jesus mußte der Welt zeigen, daß er den Vater liebte und unabhängig von allem äußeren Geschehen seinen Willen tun würde.

Würde meine Anruferin dadurch getröstet werden? Und würde es ihr eine Hilfe sein, wenn ihr deutlich wurde, daß Jesus diesen Weg auch gegangen war? Daß er sie nicht durch dunklere Räume führen würde, als er selbst durchschritten hatte? Ich wußte es nicht. Hatte ich damit ihre Bitte um Hilfe zum Gottvertrauen beantwortet? Ich hoffe. Ich betete darum, daß der Tröster selbst zu ihr sprechen würde. Als ich an jenem Abend in meinem Bett lag, ging ich innerlich noch einmal die Dinge durch, die mein eigenes Denken verwandelt hatten. Sehr langsam und sehr unvollkommen hatte ich es über Jahre hinweg gelernt.

> Das Leiden war unerläßlich für die Erlösung der Welt.
> Es gab keinen anderen Weg als das Kreuz.
> Der Knecht ist nicht größer als sein Herr.
> Wenn wir mit ihm leiden, werden wir auch mit ihm herrschen.

Sollten wir dem Meister nicht im Leiden wie auf jedem anderen Weg folgen? Sollten wir nicht an seinem Werk teilhaben? Der Welt und selbst dem Satan und seinen Geistern muß gezeigt werden – auch in diesem letzten Jahrzehnt unseres Jahrtausends – daß wir den Vater lieben und wirklich das tun wollen, was er uns tun heißt. Die Welt liebt es nicht, wenn wir viele Worte machen. Die Welt muß sehen – die Substanz des Glaubens muß ihr gezeigt werden.

Ruht unser Glaube darauf, daß unsere Gebete erhört werden, wie wir meinen, daß es richtig wäre? Oder ruht er auf dieser unendlichen Liebe, die für uns in den Tod ging? Nicht wahr, wir können das nicht genau sagen, bis wir in ernsthafte Schwierigkeiten kommen. Ich betete für jene Mutter, bat natürlich auch um Heilung von ihrer Krankheit (es ist uns gesagt, daß wir unsere Anliegen vor Gott ausbreiten sollen), bat aber vor allem um inneren Frieden für sie. In seinem Willen allein liegt unser Friede, so schrieb es Dante einmal. »Denn wenn er auch gekreuzigt worden ist in Schwachheit, so lebt er doch in der Kraft Gottes. Und wenn wir auch schwach sind in ihm, so werden wir uns doch mit ihm lebendig erweisen an euch in der Kraft Gottes.« (2. Kor 13, 4)

Das scheint eine schwankende Verheißung zu sein, die nur im Kreuz realisiert wird. Wir in unserem Elend teilen seine Schwachheit mit ihm, und deshalb leben wir dann auch mit ihm im Dienst für andere.

Alles, was uns gegeben wird, soll weitergegeben werden. Die Blüte verströmt ihren Duft, der Baum verschenkt seine Blüten und Früchte, seine reinigenden Kräfte, seinen Schatten und sein Holz. Ugo Bassi sagt: »Miß dein Leben am Verlust und nicht am Gewinn, nicht am Wein, den du getrunken hast, sondern an dem, den du ausgegossen hast. Die Kraft der Liebe wird sichtbar am Opfer, das die Liebe bringt, und wer am meisten leidet, hat am meisten zu geben.«

Auch Bassi war einer von denen, dessen Worte Lilias Trotter anregten. Sie machte daraus den Titel für ihr Aquarell von der Samenkugel des Löwenzahns, der »schon längst all seine goldenen Blütenblätter abgegeben und nun den Höhepunkt des Sterbens erreicht hat. Der zarte Ball bricht jetzt auseinander und gibt und gibt und gibt – bis nichts mehr übrig ist.«

Die Geschichte Josephs, die für uns alle so viel an geistlicher Wegweisung bietet, zeigt ebenfalls das Prinzip, das Bassi anführt. Joseph litt lange Jahre hindurch viel von der Hand böser Menschen. Gehaßt von seinen Brüdern und in die Sklaverei verkauft, verleumdet und ins Gefängnis geworfen, hielt er doch am Glauben fest. Was als sinnloses Leiden erschienen war, solange er darin steckte, bewirkte, daß er viel zu geben hatte. Das souveräne Handeln Gottes hinter den Kulissen brachte ihn in eine Machtposition, die es ihm ermöglichte, seinen Brüdern und seinem Vater das Leben zu retten. »Wer am meisten leidet, hat am meisten zu geben.« Auf einem anderen Weg wäre ihm das nicht möglich gewesen.

Haben wir das nicht durch unsere eigene Erfahrung hin und wieder bestätigt gefunden? Menschen, die uns in Notzeiten am meisten zu Herzen sprechen, sind ohne Ausnahme solche, die selbst gelitten haben. Sie haben viel zu geben. Wir erkennen ihre Glaubwürdigkeit und nehmen bereitwillig an, was sie zu sagen haben. Sie bestätigen die Wahrheit aus den Sprüchen Salomos: »Wer reichlich gibt, wird (selbst) erfrischt.« (Spr 11, 25) So geht der Kreislauf weiter – am Anfang steht das Opfer der Liebe (nicht nur der welken Blätter, sondern auch der schönen frischen Blütenblätter), es folgt die Frucht des Opfers im Segen für andere, und dieser Segen kehrt zurück zur Erquickung dessen, der das Opfer brachte. »Wer aber sein Leben verliert um meinetwillen, der wird's erhalten.« (Lk 9, 24)

Das Opfer, von dem wir hier sprechen, muß nicht eine grausige und düstere Sache sein, bei dem unser Verlust im Vordergrund steht, sondern es kann ein fröhliches Hingeben aus Liebe sein. Eine Freundin erzählte mir, daß sie die Reisen ihres Gatten immer als Unannehmlichkeit und Leid für sich selbst betrachtet habe. Doch jetzt war sie dabei zu lernen, daraus ein Opfer der Liebe zu machen.

Lilias Trotter mußte die Verständnislosigkeit ihrer Freunde und ihrer Familie auf sich nehmen, als sie Dingen den Rücken wandte, die diese hoch einschätzten. Doch sie erfuhr, daß dabei nicht nur der Schmerz des Verzichts spürbar wurde, sondern auch Freude und Frieden, »die Seligkeit eines hingegebenen Herzens«.

»Du kannst Gott nur gehorchen ...«, schrieb sie an eine Freundin, die menschliche Bindungen aufgeben mußte, um Christus zu folgen. »Wir wollen uns ihm ausliefern für seine Welt – bis in die tiefsten Tiefen unseres Wesens hinein. Unsere Zeit, unseren Einfluß und auch unser Zuhause wollen wir ihm geben, wenn er das von uns verlangt – doch zu allererst unser innerstes Herz. Trennung ist nichts Dürftiges oder Einengendes, wenn sie um seinetwillen geschieht. Bei all dem seinen Namen zu tragen bedeutet, daß darin auch Erfüllung und Heilung und Kraft verborgen liegen. An seinem Leben und seinen auf die Ewigkeit bezogenen Plänen teilzuhaben, ist eine Berufung, die es wert ist, alles andere als Schaden anzusehen.« (Govan Stewart)

Große Opfer werden nicht allzu oft von uns verlangt. Aber täglich wird uns die Gelegenheit gegeben, kleine zu bringen, z. B. die Möglichkeit, einen Menschen zu erfreuen, irgendeine Kleinigkeit dazu beizutragen, daß jemand sich wohler fühlt oder zufriedener wird. Oder die Frage steht vor uns, ob wir um eines anderen willen unsere kleinen Vorlieben oder bevorzugten Pläne zurückzustellen bereit sind. Wahrscheinlich bedeutet das aber, daß wir auf irgend etwas verzichten müssen – unsere eigene Bequemlichkeit oder Annehmlichkeit, unseren freien Abend, unseren warmen Kaminplatz oder auch unsere gewöhnliche Scheu oder Reserviertheit oder unseren Stolz. Unsere Freiheit wird dabei beschnitten, eingeschränkt, nicht beachtet (oh, wie die Welt das haßt! Wie unsere eigene, sündige Natur das haßt!) – und das alles um der Entlastung anderer willen.

»Wir tragen allezeit das Sterben Jesu an unserm Leibe, damit auch das Leben Jesu an unserm Leibe offenbar werde.« (2. Kor 4, 10)

Kapitel 9

Offene Hände

»Schauen wir uns die Blumen in der Reifezeit an. Die Kelchblätter haben sich bis zum äußersten geöffnet. Sie haben sich ganz und gar zurückgefaltet, alle Kraft verloren, sich jemals wieder um die inneren Blütenblätter schließen zu können. Sie lassen den goldenen Kronen völlige Freiheit, als Samen davonzuschweben, wenn Gottes Zeit und sein Wind gekommen sind.«

Offene Hände sind ein Merkmal für die Haltung eines Menschen Gott gegenüber – die Bereitschaft, zu empfangen, was er geben will, und die Bereitschaft, ihm zurückzugeben, was er nehmen will. Die Annahme des Willens Gottes bedeutet das Aufgeben unseres Eigenwillens. Wenn unsere Hände mit unseren eigenen Plänen erfüllt sind, ist kein Raum da, um seine Pläne zu empfangen.

Die äußeren Blätter einer Blüte bilden den Kelch. Wie kleine Hände umschließen sie die Knospe, liegen eng an den eingerollten Blütenblättern auf. Wenn die Blüte sich entfaltet, lockern sie sich allmählich, obwohl die Tendenz zum Zusammenhalten noch vorhanden ist. Doch in der Reifezeit findet eine vollständige Lockerung statt, ein Loslassen. Die winzigen Hände falten sich zurück, ohne sich je wieder schließen zu können.

Ich las die Briefe von Joan Andrews. Sie ist eine Frau, die buchstäblich bereit war, ihre Rechte und ihre Freiheit um der Rettung anderer willen aufzugeben – jener Kleinsten, Hilflosesten und Stummen, der Ungeborenen. Sie setzte sich für ihre Sache ein, indem sie es auf sich nahm, sich so behandeln zu lassen, wie die Ungeborenen behandelt werden, abgelehnt zu werden, wie sie abgelehnt werden.

Für ihren ständigen passiven Widerstand wurde sie mehr als hundertzwanzigmal verhaftet und schließlich zu fünf Jahren Gefängnis verurteilt. Die meiste Zeit verbrachte sie davon in Einzelhaft. Ihre Briefe beschreiben die Bedingungen im Gefängnis – vom fast ununterbrochenen Schreien und Fluchen, den homosexuellen Praktiken und den Nervenzusammenbrüchen bis zu den kleinen Dingen, daß z. B. ein Brief nicht mit Füller oder Kuli geschrieben werden durfte.

»Ich hasse es, mit einem Bleistift zu schreiben. Eine der Zellengenossinnen, die eine Zeitlang in einem anderen Gefängnis zubrachte, sagte, daß es dort erlaubt sei, mit Kuli oder Füller zu schreiben. Ich kann es kaum erwarten, auch dorthin zu kommen. Ich hätte nie gedacht, daß eine solche Kleinigkeit eine so große Bedeutung haben könnte.«

In ihren Gedanken über Verweigerung der Zusammenarbeit – geschrieben, als sie im November 1986 in das besagte Gefängnis überführt wurde – bringt sie zum Ausdruck:

»Es ist ein Unterschied... zwischen dem Auftreten eines Zeugen, der es ablehnt, mit einem bösen System zu kooperieren – z. B. dem Gericht, das Abtreibungsgegner zu Strafen verurteilt, weil sie Babys retten, und anderen den Mut nimmt, das gleiche zu tun – und der geistlichen Haltung und dem Auftreten der verurteilten Retter der Babys. Diese letzteren können Gott fröhlichen Herzens danken, daß sie das Vorrecht haben, in seinem Namen zu leiden und Ungerechtigkeit um der viel schwerer geschädigten Ungeborenen willen zu erdulden. Unsere Liebe und Demut und Freundlichkeit, mit der wir das Unrecht um Christi willen annehmen, wird sich auch auf die anderen auswirken, obwohl wir im Gefängnis nicht einer Meinung sind. Wir lehnen die Kooperation in Liebe ab. Auf diese Weise, um des Zeugnisses willen, um des Beispiels willen, um der Klarstellung willen und deshalb weit davon entfernt, einen leichteren Weg zu wählen, verbinden wir uns nur noch mehr mit den Ungeborenen, die von der Gesellschaft aufgegeben werden.« (Richard Cowden Guido)

Joan Andrews ist für mich ein Beispiel davon, was es kostet, wenn man die eigenen Rechte und Vorrechte bis zum äußersten losläßt. Der Ruf: »Willst du das für mich tun?« erreicht jeden von uns in irgendeiner Form. Das, was dann gefordert wird, mag Gegenstand härtester Kritik sein, wie die Haltung Joans.

Oft sind Dinge, die sich auf geistlicher Ebene abspielen, nur dem Auge Gottes sichtbar und allen anderen verborgen. Von außen betrachtet muten sie vielmehr wie sinnlose Verschwendung an. Der Richter, der die Strafe über Joan Andrews verhängte, sagte: »Es ist eine Schande, daß Miß Andrews beschlossen hat, ihr Leben im Gefängnis zu vergeuden, statt etwas Vernünftiges zu unternehmen.« Er konnte sich nicht im mindesten vorstellen, daß sie es als ein Vorrecht ansehen würde – wie es die Apostel taten – um des Namens Jesu willen Schande zu erdulden. Paulus nannte es sogar Glückseligkeit. Joan hatte nicht beschlossen, ihr Leben zu vergeuden, sondern es dem Meister hinzugeben. Das ist eine ganz andere Sache, die häufig mißverstanden wird. Sie faltete ihre Hände ganz weit auseinander, ohne die Möglichkeit, sie wieder schließen zu können. Und dann saß sie in der Zelle – betend, singend, Briefe schreibend und andere Gefangene ermutigend und ihnen dienend (selbst in Einzelhaft las sie dem Mädchen in der Nachbarzelle aus der Bibel vor).

Das bedeutet Zeuge sein: sein Leben in aufopfernder Liebe zu führen, ein Leben, das sinnlos wäre, wenn es außer dieser Welt nichts mehr gäbe.

Wir haben in unserem Vorgarten eine Magnolie (manchmal auch Tulpenbaum genannt). Die samtigen Knospen sind schon den ganzen Winter über da, und plötzlich, an einem Frühlingstag, brechen sie auf und entfalten die Blüten. Kein einziges Blatt ist am Baum zu sehen, nur Hunderte von wundervollen, großen, rosa- und weißgefärbten tulpenförmigen Kelchen. Vom Fenster meines Arbeitszimmers aus trinke ich die Schönheit in mich hinein. Ich weiß, daß sie nicht sehr lange währen wird. In zwei oder drei Tagen ist der Rasen übersät mit rosa Überresten. Der Baum hat sie verloren, hat die Bindung gelöst.

Warum diese Verschwendung?
Warum dieses Opfer?
Warum sieht es nun so aus, wo doch der Anblick so
voller Verheißung war?

Oft scheint uns kein sichtbarer Grund vorzuliegen, warum wir etwas loslassen sollen. Aber unser Leben, unser geistliches Leben in Christus, hängt davon ab. Der Kreislauf des »Lebens aus dem Tod« muß sich schließen.

Es gibt viele Stimmen, die zur Flucht vor dem Leiden verlokken möchten – durch Drogen, durch Scheidung, durch Abtreibung, durch Euthanasie, durch Selbstmord. Eine Freundin schreibt mir: »Wie weit sind wir davon entfernt, wie Paulus zu sagen: ›Ich möchte ihn erkennen und die Kraft seiner Auferstehung und die Gemeinschaft seiner Leiden und so seinem Tode gleichgestaltet werden‹.« (Phil 3, 10)

Ewiges Leben bedeutet Gott kennen. Unser ganzes irdisches Leben ist daraufhin angelegt. Aber ihn zu kennen schließt die Teilhabe an seinen Leiden ein, indem sein Tod uns zum Vorbild wird. Statt zuerst zu versuchen, möglichst vor dem Leiden zu fliehen, sollte ein Mensch, der sich danach sehnt, Christus kennenzulernen, gerade im Leiden den Weg sehen, ihn wirklich zu erkennen. Unsere menschliche Natur schaut sich als erstes nach jemandem um, dem man die Schuld geben kann, und läßt ihre Reaktionen an dieser Person aus. Der geistlich orientierte Mensch schaut auf Gott und bittet: »Lehre mich deinen Weg.« Alles übrige kann warten.

Uns ist nicht gesagt, daß wir uns Leiden herbeiwünschen sollen. Es kommt von allein zu Gottes Zeit und in dem Maß, das er uns zuteilt. Wir müssen seine Stimme hören (er ruft seine Schafe mit Namen), und wir müssen antworten, auch wenn das dann einen einsamen Weg und Mißverstandenwerden bedeutet – und vielleicht sogar Verachtung von anderen aus der eigenen Gemeinde. Dann werden wir unsere persönliche Gelegenheit bekommen, ihn kennenzulernen und seinen Weg nachzugehen, auf dem er alles losließ, was ihm gehörte. Er entäußerte sich aller Dinge, um unser Leben zu teilen, und kam auf diese Erde, wo nicht einmal die Seinen ihn aufnahmen. Auf diesem Weg war er schließlich gehorsam bis zum Tod.

Warum wurde dieses Leben verschwendet – dieses wirklich vollkommen reine Leben?

»... damit er durch seinen Tod die Macht nähme dem, der Gewalt über den Tod hatte, nämlich dem Teufel, und die erlöste, die durch Furcht vor dem Tod im ganzen Leben Knechte sein mußten. Denn er nimmt sich nicht der Engel an, sondern der Kinder Abrahams nimmt er sich an. Daher mußte er in allem seinen Brüdern gleich werden, damit er barmherzig würde und ein treuer Hoherpriester vor Gott, zu sühnen die Sünden des Volkes. Denn worin er selber gelitten hat und versucht worden ist, kann er helfen denen, die versucht werden.« (Hebr 2, 14-18)

Was auch immer der Anlaß für die Versuchungen unserer Tage ist – Unfall, physische Behinderung oder Schwäche, unsere eigenen Fehler oder unser Versagen oder unser Ungehorsam, persönliche Feindschaft von anderen – *Er* ist in der Lage, uns zu helfen, damit fertigzuwerden. Er wurde uns ähnlich gemacht. Er wurde Mensch, um zu sterben. Er mußte sterben, um die Macht des Todes zu brechen. Er war ein Ausgelieferter, nicht an ein Schicksal, das er nicht hätte vermeiden können, sondern an seinen Vater. Wenn wir unser Leben für den Willen des Vaters öffnen, werden wir in das gleiche Geheimnis mit hineingenommen. Es stimmt, daß Jesus in die Hände böser Menschen gegeben wurde. Es gibt Zeiten, wo Nachfolge nur das bedeutet. So traf es auf radikale Weise zu bei Daniel und Paulus und Dietrich Bonhoeffer und Corrie ten Boom und Betty Scott Stam und Joan Andrews und zahllosen anderen im Lauf der Kirchengeschichte. Es wurde eine kostspielige Sache für sie und brachte sie um des Glaubens willen ins Gefängnis oder in den Tod. Es sind nicht die äußeren Umstände selbst, die uns in die Lage versetzen, seinem Sterben nachzufolgen, sondern unsere Bereitschaft, die äußeren Umstände um seinetwillen zu akzeptieren.

Loslassenkönnen ist immer ein Teil des Reifeprozesses. Wenn christliche Eltern alles getan haben, was sie konnten, um ihre Kinder auf Gott hin zu erziehen, kommt die Zeit, wo ihre Hände nichts mehr festhalten dürfen. Das Kind ist nun ein selbstverantwortlicher Erwachsener geworden und muß in die Freiheit entlassen werden. Für alle Eltern ist das schmerzhaft, selbst dann, wenn die Kinder sich in die Richtung entwickeln, wofür die Eltern gebetet haben. Die weitere Entwicklung der Kinder und ebenso die geistliche Gesundheit der Eltern hängt von der Bereitschaft ab, diese nächste Phase des

Kreislaufs zu akzeptieren: Hände weg! Bereitsein, ohne Kampf auseinanderzugehen! Aufgeben von Autorität und Kontrolle! Das Kind vertrauensvoll Gott überlassen.

Wenn andererseits das Kind ganz offensichtlich abgelehnt hat, was die Eltern es gelehrt haben, ist die Trennung extrem schmerzlich. Alles, was möglich war, ist geschehen, und alles war vergeblich. Trotzdem kommt die Zeit des Loslassenmüssens. Sie kam auch für den Vater des verlorenen Sohnes. Er konnte ihn nur in seinem Eigensinn Gott übergeben. Er muß wohl gewußt haben, in welche Richtung dessen Weg gehen würde. Doch er betete nur für ihn und wartete Tag für Tag auf seine Rückkehr. Gott sorgte für den jungen Mann, wie es dem Vater niemals möglich gewesen wäre, brachte ihn bis zum totalen Bankrott (auch eine harte Gnade) und führte ihn dann zu seinem Vater zurück – reuig und bereit, als bloßer Knecht zu arbeiten.

Es ist ein gnädiger Vater, der uns auszieht, wenn es nötig ist – wie die Bäume irgendwann ihren Blütenschmuck verlieren müssen. Er ist noch nicht fertig mit uns, welchen Verlust wir auch immer erleiden mögen. Wenn wir unseren Halt an sichtbaren Dingen verlieren, werden uns die unsichtbaren umso wertvoller erscheinen. Wo unser Schatz ist, da ist unser Herz.

Vielleicht bittet uns Gott, ein Haus zu verkaufen, das uns sehr lieb geworden ist. Vielleicht sollen wir materielle Dinge, die wir nicht mehr brauchen, an andere abgeben, die sie nötig haben. Oder wir sollen eine Position aufgeben, in der wir uns unersetzlich fühlen. Oder wir sollen ihm Ängste ausliefern, die uns gefangen halten, Formen der Selbstverwirklichung oder Freizeitbeschäftigungen oder gesellschaftliche Aktionen, die den Gehorsam behindern.

»Erscheint uns das alles hart?« fragt Lilias Trotter. »Schreckt eine Seele, noch jung im physischen oder geistlichen Leben, davor zurück und sagt: ›Ich möchte lieber, daß es immer Frühling bleibt – ich möchte gar nicht weiter zu Gott kommen, wenn es nur Schmerz und Sterben bedeutet.‹

Zu solchen Menschen kommt die Stimme des Meisters: ›Fürchte dich nicht vor dem, was du leiden wirst‹ (Offb 2,10). Du hast ein Recht, dich über die Frühlingstage zu freuen, wenn Gott sie dir schenkt. Jede Phase des geistlichen Wachstums in uns ist Gott kostbar. Er ist der Gott der Gänseblümchen und der Lämmer und der fröhlichen Kinderherzen!«

Kapitel 10

Die Stunde der Verlassenheit

»Hab' die Gelassenheit der Blumen, um die alten Dinge loszulassen. Freue dich an seinem Wort: ›Selig ist, wer sich nicht an mir ärgert‹. Es ist die Seligpreisung des Vertrauens, auch wenn du sie festhalten mußt in einer Stunde der Verlassenheit – wie Johannes der Täufer.«

Stellen Sie sich eine Welt vor, in der niemand sich mit etwas herumschlagen muß, das er nicht mag – keine Zahnschmerzen, keine Steuern, keine leicht beleidigten Verwandten, kein Verkehrsstau...

Und jetzt stellen Sie sich bitte eine Welt vor, in der jeder das hat, was er möchte – herrliches Wetter, wundervolle Ehen, vollkommene Gesundheit, beste sportliche Ergebnisse, vollkommenes Glück, mit Geld und Kraft im Überfluß.

Die Welt, in der wir nun wirklich leben, ist voll von guten Dingen, die wir nicht haben können, und voll von schlechten Dingen, die wir nicht mögen – viel schlimmere Dinge als Zahnweh oder Verkehrsstau: Krieg, Hunger, Dürreperioden, Überschwemmungen, Erdbeben, Krebs, Aids. Einmal habe ich Bilanz gezogen im Hinblick auf die Geschichten von Leid und Elend, die mich allein in einer Woche per Post erreichten: Da gab es böswilliges Verlassen, Tod, Krankheit, Scheidung, Depression, Alkoholismus, Sucht, Mißbrauch, Homosexualität und Selbstmord. Kaum ein Tag vergeht ohne die Nachricht von einer zerbrochenen Ehe oder von stark angeschlagener Gesundheit bei Menschen, die wir kennen.

»Angenommen, Sie würden alles Leiden ausklammern«, schrieb Malcolm Muggeridge, »welch schrecklicher Platz wäre die Welt! Es wäre nichts mehr da, was die Neigung des Menschen, sich zu überschätzen und mit sich selbst mehr als zufrieden zu sein, korrigieren würde. Der Mensch ist so schon schlecht genug. Aber er wäre geradezu unerträglich, wenn er niemals zu leiden brauchte.«

Obwohl das Buch Hiob die Frage klar beantwortet, ob menschliches Leiden immer als Strafe für böses Tun anzusehen ist - das ist es nicht, da Gott Hiob einen Schuldlosen nennt – dürfen wir doch auch diesen Aspekt nicht übersehen. Manchmal brauchen wir es, daß Gott uns züchtigt. Leiden gibt uns die Gelegenheit, uns selbst zu prüfen, unsere Prioritäten neu festzulegen, unsere Ansichten zu revidieren und unsere Sünden zu bekennen. Das ist eine Erziehungsmethode, die ein liebender himmlischer Vater überwacht, ... »denn wen der Herr liebhat, den züchtigt er, und er schlägt jeden Sohn, den er annimmt... Seid ihr aber ohne Züchtigung, die doch alle erfahren haben, so seid ihr Ausgestoßene und nicht Kinder... Jede Züchtigung aber, wenn sie da ist, scheint uns nicht Freude, sondern Leid zu sein; danach aber bringt sie als Frucht denen, die dadurch geübt sind, Frieden und Gerechtigkeit.« (Hebr 12, 6.8.11)

Augustinus berichtet, wie seine Mutter als junges Mädchen sich daran gewöhnte, Weinproben zu machen, wenn ihre Eltern sie in den Keller schickten, um Wein aus dem Faß abzufüllen. Das geschah mehr aus einer fröhlichen Laune und ihrem jugendlichen Übermut heraus, als daß sie unbedingt scharf auf den Wein gewesen wäre. Jeden Tag probierte sie ein bißchen mehr, bis es schließlich ein ganzer Becher voll war.

»Was also hast du damals, du mein Gott, getan?« schreibt Augustinus. »Wie hast du ihr geholfen? Wie hast du sie geheilt? Zum harten scharfen Eisen machtest du die Schmähung einer anderen nach deinem unerforschlich tiefen Plan und schnittest ihr mit einem Schnitt die Fäulnis aus dem Fleisch.« (Augustinus, Bekenntnisse, 9. Buch, 8. Kap.)

Gottes »Lanzette«, das harte scharfe Eisen, war die bittere Beleidigung einer Hausmagd, die Monika bei ihren »Weinproben« erwischte und sie eine Säuferin nannte.

»Das traf sie wie mit einem Stachel, und wie mit einemmal sah sie das Häßliche an ihrem Tun, verdammte es und warf es von sich. So kommt es oft, daß schmeichlerische Freunde uns nur schaden, zankende Feinde aber bessern uns. Denn jener Magd in ihrem Zorn war es nicht drum, die junge Herrin zu bessern; und heimlich tat sie es doch nur, weil Ort und Zeit des Zanks es mit sich brachten ... Du aber, Herr, du Lenker Himmels und der Erde, du wandtest dir den wilden tiefen Strom der Welt und Zeiten nach deiner Ordnung und heiltest eine kranke Seele durch eine andere.« (Bekenntnisse, 9. Buch, 8. Kap.)

Leiden schafft die Möglichkeit, in der Heiligung zu wachsen. Doch das gilt nur für diejenigen, die alles andere loslassen und offen sind für dieses Training, das Gott ihnen geben will. Sie streiten nicht mit dem Herrn darüber, was sie getan oder nicht getan haben, das diese Strafe verdiente, sondern sie beten: »Herr, zeige mir, was du mir damit sagen willst.«

Der Apostel Paulus, der doch ein geheiligter Mann war, brauchte seinen »Pfahl im Fleisch«. Er sagte selbst, »damit ich mich wegen der hohen Offenbarungen nicht überhebe...« (2. Kor 12, 7) Ihm waren einige ungewöhnliche Visionen und Offenbarungen zuteil geworden. Er war in Gefahr, geistlich stolz zu werden – eine tödliche Sünde. Und da er verstand, daß Gott ihm das ersparen wollte, war er nicht beleidigt über den »Pfahl«. Das hätte aber sein können, wenn er nicht so in innerer Übereinstimmung mit seinem Herrn gelebt hätte. Er hätte durchaus ärgerlich werden können über diese plötzliche Enttäuschung – Gott hatte ihm so großartige geistliche Offenbarungen geschenkt, und dann schlug er ihn auf einmal mit starkem körperlichem Schmerz. Doch sein Geist war demütig und zum Lernen bereit.

Im Hinblick auf die Schwierigkeiten, denen er und seine Gefährten in der Provinz Asien begegneten (wo sie in Treue und Glauben Gottes Werk ausübten), schreibt Paulus: »Denn wir wollen euch, liebe Brüder, nicht verschweigen die Bedrängnis, die uns in der Provinz Asien widerfahren ist, wo wir über die Maßen beschwert waren und über unsere Kraft, so daß wir auch am Leben verzagten und es bei uns selbst für beschlossen hielten, wir müßten sterben.« Nennt er Gott deswegen ungerecht? Nein, er hat etwas daraus gelernt: »Das geschah aber, damit wir unser Vertrauen nicht auf uns selbst setzten, sondern auf Gott, der die Toten auferweckt.« (2. Kor 1, 8-9)

Leiden bedeutet immer auch Korrektur für den Leidenden selbst. Hatte der große Apostel das nötig? Offensichtlich ja. Er war ebenso wie wir alle in Versuchung, sein Vertrauen auf sich selbst zu setzen.

Leiden hat auch den Sinn, irgend jemand anderem zu helfen. Wie alle Gaben, so ist auch die Gabe des Leidens nicht nur für uns selbst bestimmt, sondern für den Leib Christi. »Denn es geschieht alles um euretwillen, damit die überschwengliche Gnade durch die Danksagung vieler noch reicher werde zur Ehre Gottes.« (2. Kor 4, 15)

Amy Carmichael, eine irische Indienmissionarin, war während der letzten zwanzig Jahre ihres Lebens fast ständig mit Schmerzen behaftet. Aus diesem Grund war sie an ihr Zimmer gefesselt und meist sogar ans Bett. Doch während dieser Jahre schrieb sie mehr als zwanzig Bücher, Bücher, von denen ich bezweifle, daß sie sie hätte schreiben können, wenn sie nicht physisch behindert gewesen wäre. Sie hätte überhaupt keine Zeit für so etwas gehabt. Außerdem waren diese Bücher zweifellos gerade Früchte ihres Leidens. Eines davon, »Rose from Brier«, enthielt Briefe an Kranke.

Im Vorwort schreibt sie: »Während ich sie noch einmal durchlese, bin ich besorgt, daß sie zu persönlich und manchmal geradezu intim klingen. Ich denke nicht, daß das Persönliche oder Intime gerade besonders interessant oder wertvoll wäre (daß sie so etwas nur denken konnte! Wir hätten mehr davon brauchen können), aber ich wußte nicht, wie ich den Trost, den ich selbst empfangen hatte, weitergeben konnte, ohne zugleich auch etwas von meiner eigenen Seele offenbar werden zu lassen. Wenn ich gewartet hätte, bis die größte Not vorüber gewesen wäre, hätte vielleicht ein weniger müder Geist einen besseren Weg gefunden. Doch dann wäre das Buch ein Wort des Gesunden an den Kranken gewesen und nicht vom Kranken zu dem Kranken gesprochen. Und ich denke, das sollte es eigentlich sein – eine Rose unmittelbar vom dornigen Zweig gepflückt.«

Damals wußte sie noch nicht, daß die Zeit der Qual niemals vorübergehen würde. Wenn sie darauf gewartet hätte, hätte sie nie den Trost weitergeben können, der uns in so reichem Maß zuteil geworden ist. Es ist gut, auch im zwanzigsten Jahrhundert eine Bestätigung für das zu bekommen, was Paulus schon im ersten Jahrhundert entdeckte:

> »Gelobt sei Gott, der Vater unseres Herrn Jesus Christus, der Vater der Barmherzigkeit und Gott allen Trostes, der uns tröstet in aller unserer Trübsal, damit wir auch trösten können, die in allerlei Trübsal sind, mit dem Trost, mit dem wir selber getröstet werden von Gott. Denn wie die Leiden Christi reichlich über uns kommen, so werden wir auch reichlich getröstet durch Christus. Haben wir aber Trübsal, so geschieht es euch zu Trost und Heil. Haben wir Trost, so geschieht es zu eurem Trost, der sich wirksam erweist, wenn ihr mit Geduld dieselben Leiden ertragt, die auch wir leiden. Und unsere Hoffnung steht fest für euch, weil wir wissen: wie ihr an den Leiden teilhabt, so werdet ihr auch am Trost teilhaben.« (2. Kor 1, 3-7)

Es gibt eine Art von Gemeinschaft zwischen denen, die da leiden, weil sie in einer anderen Welt leben als die übrigen Menschen. Als mein Gatte Addison Leitch im Sterben lag, empfand er sehr deutlich, daß es mir unmöglich war, das, was er erlebte, zu verstehen. »Wir leben in zwei verschiedenen Welten«, sagte er, »und es gibt keine Brücke zwischen beiden.« Er hatte immer wieder den Eindruck, daß ich mich nicht genug um ihn kümmerte. Ich sorgte mich um ihn, wie es eine Ehefrau nur tun kann, die ihren Mann verehrt und es nicht ertragen zu können meint, ihn zu verlieren. Doch das war alles nicht genug. Ich wußte nicht, was Add wußte. Ich war noch nie in der Situation gewesen. Wenn wir jedoch ins Wartezimmer der Radiologie-Abteilung im Krankenhaus kamen, dann trafen wir andere Menschen, die es wußten: ein kleiner kahlköpfiger Junge mit roten Markierungen an den Schläfen, ein Mann, dessen Unterkiefer bereits weggenommen worden war, eine Polizistenfrau, die sich ohne Wissen ihres Mannes Bestrahlungen geben ließ, weil er gelähmt zu Hause saß, und die erklärte: »Ich kann ihm nicht sagen, daß der Krebs wieder aufgebrochen ist, er würde sterben, wenn er's wüßte.«

Es gibt noch eine viel engere Gemeinschaft als diese, in die leidende Christen geführt werden können. Es ist die Teilnahme am Leiden Christi, die sie verbindet. Der Leidensbecher Christi fließt über, und dann leiden wir mit ihm.

Johannes der Täufer mußte in seiner einsamen Zelle die Lektion der Blüte, die alles loslassen muß, um zur Reife zu gelangen, nachvollziehen. Es war die Stunde seiner Verlassenheit, doch er war nicht gekränkt. Er fühlte sich gesegnet, was in moderner Sprache heißt: glücklich. Möge die Seligpreisung des »Vertrauens« auch uns gehören, selbst in einer solchen Stunde.

Kapitel 11

Nichts zu verlieren

»Wichtig ist ganz allein, daß unser Geist gehorsam bleibt. Nur dann sind wir bereit, die Blütezeit vorbeigehen zu lassen, falls Gott das von uns erwartet – wenn die Sonne seiner Liebe mehr Reife bewirkt hat. Dann werden wir selbst fühlen, daß der Versuch, die welkenden Blütenblätter festzuhalten, nur unsere Seele verkrampft und lähmt. Es bedeutet Verlust, festzuhalten, wenn Gott sagt: ›Gib mir...‹«

Eine der großen Segnungen meines Lebens besteht in dem Vorrecht, eine Menge geheiligter Menschen zu treffen und mit ihnen zu korrespondieren. (Dieses Privileg bedeutet allerdings auch eine größere Verantwortlichkeit – wem viel gegeben ist, von dem wird viel gefordert). In einem Briefwechsel mit einer Karmeliter-Nonne stellte ich ihr die Frage nach dem Selbstbild, das jeder von sich hat. Ich bekannte ihr, daß ich manchmal ein bißchen neidisch war auf sie und ihre Schwestern. Sie konnten völlig frei sein davon, auch nur einen einzigen Gedanken auf Frisur, Make-up oder die Frage verschwenden zu müssen, was sie wann anziehen sollten. Wieviel Zeit verschlingen doch diese Dinge oft.

»Ich fürchte, daß Sorgen um das eigene Bild auch gar zu leicht noch andere Formen annehmen können«, schrieb sie mir zurück. »Gerade, wo wir so eng zusammenleben, können wir uns z. B. abhängig machen von einem Stirnrunzeln oder Lächeln oder hochgezogenen Augenbrauen o.ä. bei denjenigen, mit denen wir zusammenleben. Ich glaube nicht, daß die Versuchung darin besteht, daß man soviel wie möglich andere beeindrucken möchte. Wenn man um sein Image besorgt ist im Sinn von: ›Damit die andern ja nicht denken...‹, ist es dann nicht vielmehr so, daß die Ketten, die uns binden, in Wirklichkeit solche sind, die wir uns selbst schmieden?

Gerade weil wir den Heiligen Geist empfangen haben, können wir die Ketten als solche erkennen, wenn wir uns seufzend nach der Freiheit der Kinder Gottes sehnen. Das ist ganz sicher Grund genug zur Freude. Und welche Hoffnung bedeutet es zu wissen, daß der Geist selbst für uns eintritt!«

Unser Herr Jesus war ein Mensch, der völlig frei war von Gedanken an sich selbst und seinen eigenen Ruf. Das erkannten die Pharisäer nur allzu gut. »Meister«, sagten sie, »wir wissen, daß du wahrhaftig bist und lehrst den Weg Gottes recht und fragst nach niemand...« (Mt 22,16) Seine Absichten waren lauter, weil seine Liebe lauter war. Wir, deren Absichten nicht eindeutig und deren Liebe weit entfernt davon ist, rein zu sein, können Kritik und fehlende Zustimmung nicht ertragen. Wir möchten alles vermeiden, was unser Image beschädigt, das wir hoffen aufgebaut zu haben. Das ist Knechtschaft – selbstgemacht. Sie lähmt uns und läßt unsere Seele zum Krüppel werden. Warum öffnen wir unsere Hände nicht und liefern das alles aus?

Die Tür, die zum Leben führt, ist eng. Mit dem ganzen Gepäck unseres Stolzes kommen wir nicht hindurch. Nur die Demütigen können eintreten. Sie vermögen es durch ihre Bereitschaft, sich zu beugen, Schwäche, Kummer und vielfaches Sterben zu akzeptieren. Aber diese Tür führt gleichzeitig zu neuer Kraft, zu neuen Freuden, neuem Leben. Sie finden dort eine »großartige neue Unabhängigkeit von allen irdischen Dingen, die sie sonst befriedigen sollten. Es ist die Freiheit derer, die nichts mehr zu verlieren haben, weil sie nichts mehr festhalten.« (Trotter: »Parables of the Cross«)

Eine Frau hatte ein paar enge Freunde, die eine Entscheidung von ihr nicht verstanden und sie beschuldigten, Geld auszugeben, das ihr in Wirklichkeit nicht gehörte. Das brachte ihr nachts einige schlaflose Stunden und beunruhigte sie in ihren Gebeten. Leidenschaftlich wünschte sie sich, sich zu rechtfertigen. Dann aber sah sie auf das Kreuz, und es wurde ihr zum »sicheren und glücklichen Zufluchtsort«. Sie legte alles, was sie bewegte, an seinem Fuß nieder:

- die Sorge um ihren Ruf,
- das Bild, das sie nach außen hin bot,
- den Wunsch, gerechtfertigt zu werden,
- die Sehnsucht nach Gerechtigkeit,
- die Unruhe über das Dilemma, in das andere gebracht worden waren,
- ihre und deren Verletzungen und
- die Ungeduld, die eine sofortige Lösung wünschte.

Dieser Verzicht machte sie frei. Sie hatte nichts mehr zu verlieren, weil sie nichts mehr festhielt.

Eine andere Frau schrieb und berichtete, wie Gott auch sie gelehrt hatte, loszulassen. Sie und ihr Mann waren übereingekommen, daß sie ihren Arbeitsplatz aufgeben sollte, um ihre Kinder besser betreuen zu können.

»Als ich meinen Job aufgab, betrug unser Einkommen praktisch nur noch die Hälfte. Wir hatten den Eindruck, daß die Situation sich so entwickeln könnte, daß wir unser Haus aufgeben müßten. An dem Punkt stehen wir jetzt. Wir haben tatsächlich von den meisten unserer Freunde oder Verwandten nicht die geringste Ermutigung oder Bestätigung erfahren. Manche von ihnen denken, daß wir den Verstand verloren haben. Doch wir haben entschieden, daß es wichtiger ist, daß ich zu Hause bei unserem fünfjährigen Sohn bin und bei dem Kleinen, das in einigen Wochen kommen soll, als daß ich im Beruf bleibe und mich überanstrenge, nur um ein ›hübsches Haus‹ zu besitzen. Ich hätte sonst meinen Job weitermachen müssen mit der ständigen Belastung der Zinsen für die Hypothek. Das ist die Sache nicht wert. Ich bin bereit, Hausfrau und vollzeitliche Mutter zu sein, nicht nur nebenberuflich.

Doch es bedeutet einen regelrechten persönlichen Abstieg, daß wir unser Haus aufgeben! Es ist schwerer, als ich gedacht hatte. Es kommt einen hart an, diese irdischen Dinge loszulassen, einerlei für wie ›geistlich‹ wir uns halten. Ich erlebe es so bewußt, wie Gott mir Dinge wegnimmt, von denen ich dachte, daß sie wichtig seien. Ich habe meinen Namen aufgegeben (sieben Jahre nach unserer Heirat!), meine Karriere und jetzt noch mein Zuhause. Aber ich fange an, in Gott allein Genüge zu haben. Manchmal sagt sich das so leicht, aber wenn Gott einem wirklich den Boden unter den Füßen wegzieht – was bleibt uns dann noch, worauf wir stehen können? Gott führt mich durch einen intensiven Prozeß des Zerbrechens. Gerade wenn ich denke, daß ich mehr auf keinen Fall verkraften kann, legt er mir noch etwas auf. Eine Freundin sagte mir, daß Gott wohl denkt, ich sei stark genug, das zu bewältigen, sonst würde er es nicht zulassen. Ich vermute, daß er es immer besser weiß als wir...«

Die Schreiberin dieses Briefes hatte mit einer Freundin über ihre Situation gesprochen und wurde dann gefragt, ob sie den Herrn jetzt besser kennengelernt habe als vorher.

»Und ob! Das ist doch wahrscheinlich der Sinn unseres Lebens hier, nicht wahr?« schrieb sie mir.

Das stimmt genau. Weil sie einen gehorsamen Geist hat, lernt sie den Herrn in der Gemeinschaft seiner Leiden kennen. Und bei diesem Prozeß erfährt sie auch etwas von der Kraft seiner Auferstehung: »Ich fange an, in Gott allein Genüge zu haben«.

Wäre das auch ohne diese harten Realitäten möglich gewesen? Gott schenkte die schwierigen Umstände, um diesen intensiven Unterricht geben zu können. In ihren Kämpfen litt Christus selbst, denn wir sind sein Leib. In dieser Hinsicht leiden wir mit ihm und er mit uns – damit sein Leib aufgebaut wird.

»Aber Gott hat den Leib zusammengefügt..., damit im Leib keine Spaltung sei, sondern die Glieder in gleicher Weise füreinander sorgen. Und wenn ein Glied leidet, so leiden alle Glieder mit... Ihr aber seid der Leib Christi und jeder von euch ein Glied.« (1. Kor 12, 24-27)

Jedesmal, wenn Gott uns eine schwere Lektion aufgibt, möchte er uns auch sich selbst schenken. Wenn wir unsere Hände öffnen, um die Lektion zu empfangen, öffnen wir auch unsere Herzen und empfangen *Ihn*. Und mit *Ihm* empfangen wir auch seine Sicht der Herrlichkeit, die in der Auslieferung verborgen liegt, ob es sich nun um kleinere Dinge wie Selbstwertgefühl und Image oder um größere Dinge wie eine Karriere und ein Haus handelt. Er ist diesen Weg zuerst gegangen, denn er ließ all seinen Reichtum los – sein Gleichsein mit dem Vater, seine Allmacht, seine Allgegenwart – alles, was er hatte, als er in unsere Welt eintrat. Er ist heute ständig bereit, uns mit seiner Weisheit zu helfen, damit wir verstehen, was er uns lehren will. Er will uns seine Kraft zuteil werden lassen, die uns durchträgt. Er hat versprochen, daß uns niemals etwas begegnen soll, was er uns nicht zu ertragen ermöglicht. Seine Befehle sind immer begleitet von der Kraft, sie auch auszuführen. Die ewigen Arme sind ständig unter uns, die ewige Liebe umgibt uns von allen Seiten.

Ein Marineoffizier schrieb einst an seine Frau: »Wenn du hörst, daß unser Kreuzer gesunken und keiner gerettet worden ist, dann weine nicht. Die See, in der mein Leib dann untergegangen ist, ist nichts weiter als die hohle Hand meines Erlösers, und nichts kann mich ihr entreißen.«

Kapitel 12

Die Lieder des Leidens

»Beobachte doch den Ausdruck des Loslassens um den Kelch der wilden Rose herum, wenn die Zeit vergeht und er zu wachsen beginnt zu dem Ziel hin, um dessentwillen er sich von allen anderen Dingen lösen muß. Der Anblick der dumpfen Leere verschwindet allmählich. Fröhlich biegt er sich zurück, denn gleichzeitig mit dem jetzt geforderten Sterben hat ein reicheres Leben in seinem Herzen begonnen – soviel Sterben, soviel Leben.«

Gottes letztes Ziel in allem Leiden ist Freude. Die Bibel ist voll von Lobliedern, die aus großen Anfechtungen heraus entstanden. Das Passahfest erinnerte daran, daß Gott Israel aus einer langen Sklaverei in Ägypten befreit hatte. Der letzte Tag des Passahfestes sollte nach Gottes Gebot ein Pilgerfest sein, so daß die Männer ihren Söhnen erzählen konnten, was Gott für sie getan hatte, als er sie aus Ägypten herausholte. Zeichen dieser großen Befreiung, Dankopfer, waren die Opfer des erstgeborenen männlichen Tieres und der Freikauf jedes erstgeborenen Sohnes.

Als Gott damals auf wunderbare Weise sein Volk vor den Kriegswagen der Ägypter errettete, indem er durch einen anhaltenden starken Ostwind das Meer zurückdrängte, da faßte das Volk Vertrauen zu ihm und seinem Knecht Mose. Und alle sangen zusammen:

»Ich will dem Herrn singen, denn er hat eine herrliche Tat getan, Roß und Mann hat er ins Meer gestürzt.
 Der Herr ist meine Stärke und mein Lobgesang und ist mein Heil. Das ist mein Gott, ich will ihn preisen...«
(2. Mose 15, 1-2)

Das Lied geht noch seitenlang weiter und erzählt von der wunderbaren Macht des Herrn, von seiner Liebe und Gnade. Die Prophetin Mirjam schlug ein Tamburin, und die Frauen tanzten, während Mirjam sang. Je größer die Gefahr gewesen war, in der sie sich befunden hatten, desto größer war die Freude über die Befreiung.

Die Schrecken und die Entbehrungen der langen Wanderung durch die Wüste mußten noch ertragen werden, aber umso herrlicher würde das versprochene Land dann am Ende sein. Wer kann sich so richtig über ein wärmendes Feuer freuen, der niemals gefroren hat, oder wer kann kaltes Wasser zutiefst schätzen, der nie unter Durst gelitten hat?

Das herzzerreißende Weh vom Vater des verlorenen Sohnes wandelte sich in Singen, Tanzen und Feiern, als der Sohn nach Hause zurückkam.

Die Engel im Himmel singen fröhlicher über die Buße eines einzelnen Sünders als über die neunundneunzig Gerechten, die die Buße nicht nötig haben.

Die Frau, die eine kleine Münze verloren hat, ist so überglücklich, als sie sie wiederfindet, daß sie ihre Freunde zusammenruft, damit sie sich mit ihr freuen.

Und die Jungfrau Maria, ein bescheidenes Dorfmädchen, singt ihr Magnifikat:

»Meine Seele erhebt den Herrn
und mein Geist freut sich Gottes, meines Heilandes;
denn er hat die Niedrigkeit seiner Magd angesehen...«
(Lk 1, 46-48).

Ich las eine kleine Geschichte von einem Priester, der an Tinnitus litt, einem unheilbaren und sehr störenden Ohrgeräusch. Da er der Meinung war, daß wir für unser Glücklichsein selbst verantwortlich sind, hatte er sich entschieden, dieses »kleine Problem«, wie er es nannte, als Chance und nicht als Fluch zu betrachten.

»Morgens aufzuwachen mit der Musik von tausend Grillen ist nicht gerade ein Vergnügen. Gott sei Dank bin ich tagsüber so beschäftigt, daß ich selten darauf achte. Aber das Summen hört nie auf.«

Statt anderen Routine-Ratschäge zu geben, erzählt er ihnen einfach, wie er selbst von der verzweifelten Suche nach Befreiung zu einer relativ ruhigen Haltung der Akzeptanz seines Leidens gekommen ist. Er glaubt jetzt, Gott am meisten dadurch zu ehren, daß er im Wissen um seine Liebe fröhlich weiterlebt. Sein Glücklichsein sieht er als Zeichen der Dankbarkeit gegen Gott an, deshalb darf nichts diese Haltung zerstören. Er hält nun den Tinnitus nicht mehr für einen Feind, sondern sagt, daß der schrille Klang in seinem Kopf ein Echo auf das Lied des ganzen Universums sei, mit dem die Erde Gott preise – die Vögel, die Flüsse, die heulenden Winde.

»Ich lasse das Summen in meinen Ohren zum unaufhörlichen Lobpreis werden. ›Jauchzet dem Herrn, alle Welt! Dienet dem Herrn mit Freuden, kommt vor sein Angesicht mit Frohlocken!‹«

Nicht die Probleme bestimmen unser Schicksal, sondern unsere Reaktion darauf.

Auch die Tatsache, daß unsere Leiden in das Leiden Christi integriert sind, ist eine Quelle der Freude. Der Gedanke an sein Kreuz und daran, was es für mich bedeutet, ist zu Zeiten tiefen Kummers die einzige reine Freude. Uns ist nicht danach zumute, Tamburine zu schlagen und zu tanzen, wenn wir mit Schmerzen ans Bett gefesselt sind. Doch der Schmerz selbst kann zu einem Opfer werden, wenn uns klar wird, daß uns erlaubt ist, an unserem armen menschlichen Fleisch das Maß voll zu machen, »was an den Leiden Christi noch fehlt, für seinen Leib, das ist die Gemeinde« (Kol 1, 24). Es ist »Christus in uns«, der das möglich macht. Wenn wir uns der Gnade geöffnet haben, dann nimmt er selbst in uns Wohnung. Wenn wir leiden, leidet er. Wenn wir so den Schmerz als Privileg ansehen und diese Last mit Dankbarkeit annehmen, treten wir in eine immer tiefer gehende Gemeinschaft seiner Leiden ein. Dabei wollen wir niemals vergessen, daß es sein eigenes, vollkommenes und vollständiges Opfer war, das uns diese Möglichkeit eröffnete. Deshalb werden wir zu seiner Wohnung. Muß uns das nicht froh machen? Ist das nicht Grund genug, unsere Leiden zu einem Lobopfer werden zu lassen?

Einerlei wie lange wir uns schon auf unserer Wanderschaft befinden, es muß uns immer und immer wieder klargemacht werden, daß ganz schlichte und gewöhnliche Dinge sehr heilig und sehr gotterfüllt sein können. Sie haben gar nichts Religiöses an sich, sondern sind irdisch. Wir mögen auf Visionen und Offenbarungen und »wundervolle Erfahrungen« hoffen und vergessen dabei, daß der Kontext der Offenbarung Gottes für jedes seiner Kinder genau dort zu finden ist, wo dieser einzelne Mensch sich befindet: hier auf der Erde, in diesem Haus, in dieser Küche, an diesem Herd, in dieser Familie, oder an diesem Schreibtisch, in dieser Schulklasse, auf diesem Traktor oder an diesem Fließband – in diesen vielleicht (für uns) sehr unbefriedigenden Umständen.

Die Frau eines Fernfahrers schrieb, daß sie so dankbar sei für ihre – wie sie es nannte – »ungewöhnliche, wundervolle Ehe«. Ihr Mann hat diesen Arbeitsplatz seit zweieinhalb Jahren. Aber jedesmal, wenn er nach Hause kommt, »ist es, als ob wir ganz jung verliebt wären. Ich fühle mich wie die Single-Mütter, wenn ich allein zu den Ämtern gehen, allein Entscheidungen treffen, Reifen wechseln, allein ins Bett gehen muß. Das Alleinsein ist zwar hart, aber viel schwerer ist die Bitterkeit einer Scheidung oder die Endgültigkeit des Todes. Sie würden mir das Herz brechen.

In diesem Sommer bin ich zwei Wochen mit ihm gefahren. Lange Strecken auf einem Lastzug zu sitzen hat nichts Romantisches mehr an sich. Wie einsam fühlt man sich in einem Restaurant, wenn man allein ist! Und was heißt es, ein Wochenende unterwegs zu sein und keinen Gottesdienst besuchen zu können! Jeden Tag saugt er das Wort Gottes nur so in sich hinein (wofür man zu Hause manchmal die Zeit nicht findet) ... Vielleicht liege ich da falsch. Es scheint, als ob Gott uns eine besondere Gnade gegeben habe. Und ich denke nicht, daß diese Dinge (loszulassen und Gott vertrauen zu lernen) auf einem anderen Weg so hätten eingeübt und gestärkt werden können.«

Ich glaube nicht, daß sie falsch liegt. Das Glück, das sie gefunden haben, hat seine Ursache in den Belastungen, die der Job ihres Mannes mit sich bringt. Oder vielleicht sollte ich besser sagen: in ihrer Reaktion auf diesen Druck.

»Aber gilt das auch für mich?« könnte jemand fragen. Ein Aufgeben um Gottes willen trägt immer Früchte – nicht für jeden in gleicher Weise, das ist klar. Er handelt mit uns aufgrund seines tiefsten Wissens von uns – wer wir sind und was wir nötig haben. Er möchte uns in das Bild seines Sohnes umgestalten. Die Übereinstimmung mit diesem Bild ist es, was Gott ständig anstrebt. Und welche Ermutigung ist es doch für mich zu wissen, daß er mich nicht aufgibt, bis er sein Ziel erreicht hat. Wir werden ihm ähnlich sein. Das ist seine Zusage.

Eine geistliche Einstellung schenkt inneren Frieden. »Denn die da fleischlich sind, die sind fleischlich gesinnt; die aber geistlich sind, die sind geistlich gesinnt. Aber fleischlich gesinnt sein ist der Tod, und geistlich gesinnt sein ist Leben und Friede... Ihr aber seid nicht fleischlich, sondern geistlich, wenn denn Gottes Geist in euch wohnt. Wer aber Christi Geist nicht hat, der ist nicht sein.« (Röm 8, 5.6.9)

Wenn ich an das liebliche Bild denke, das Lilias Trotter uns vom Kelch der wilden Rose malte, der sich fröhlich zurückbiegt, wenn das jetzt geforderte Sterben ein reicheres Leben mit sich bringt, dann fallen mir zwei Frauen ein, die das deutlich machen. Eine von ihnen, ganz und gar eine Vertreterin ihrer Generation, konnte sich nicht vorstellen, ihren Job, ihr Prestige und ihre Freiheit aufzugeben, um nur noch Mutter zu sein. Der Preis war ihr zu hoch. Doch als sie in der Gnade Gottes wuchs, wurde ihr klar, daß ihre Übergabe an Gott bedeutete, ihm alles auszuliefern – das Sterben ihres Ich. Dann zeigte er ihr, daß sie zur Mutterschaft berufen war. Und als sie gehorchte, fand sie nicht nur Frieden, sondern auch Freude, von der sie niemals geträumt hätte. Ihre Kapitulation (eine Art von Sterben) bedeutete, daß ein reicheres Leben in ihr angefangen hatte, sich zu entfalten.

Alle wehmütigen Gedanken hatte sie hinter sich gelassen (die Blütenblätter, die der Kelch losließ). Sie waren vergessen im glücklichen Annehmen dieses neuen Lebens.

Paulus sagte den Philipper-Christen, daß sie sein Stolz und seine Freude seien. Sie waren für ihn der Beweis, daß seine Anstrengungen nicht vergeblich gewesen waren. »Und wenn ich auch geopfert werde bei dem Opfer und Gottesdienst eures Glaubens, so freue ich mich und freue mich mit euch allen. Darüber sollt ihr euch auch freuen und sollt euch mit mir freuen.« (Phil 2, 17.18)

Die andere Frau wurde nicht nur einmal, sondern mehrere Male von Männern, die sich Christen nannten, zutiefst verletzt und fast vernichtet. Sie täuschten ihr auf allerlei Weise Liebe vor und ließen die Absicht erkennen, daß sie sie heiraten wollten – und dann waren sie plötzlich mit einer anderen Frau auf Nimmerwiedersehn verschwunden. Diese Frau beschloß, all ihre Wunden vor den Herrn zu bringen. Gegen allen Augenschein glaubte sie daran, daß er Absichten der Liebe mit ihr hatte. Sie machte das Gebet Amy Carmichaels zu dem ihren:

»Herr, mehr und mehr bitte ich dich –
ob durch Wind oder Feuer
reinige mein innerstes Herzenswünschen.
Nimm auch die anhaftende Spreu vom Boden.

Ich wünsche mir deinen Weg.
Doch wenn in mir mein Ich wieder aufsteht,
und etwas anderes will, dann,
du Heiliger, nimm Schwert und Speer und schlage zu.

Oh' bleib bei mir,
geduld'ge Liebe, bis durch deine Gnade
in diesem armen Silber
dein herrlich Angesicht in Ernst und Klarheit leuchtet.

Was wird es sein,
wenn wie die Lilien oder Rosen
in meinem bunten Garten
ich blühen werde fleckenlos vor dir?«

(»Rose from Brier«)

Kapitel 13
Tod in uns – Leben in dir

»Der reifende Löwenzahn hat schon lange seine goldenen Blütenblätter weggegeben und den krönenden Höhepunkt seines Sterbens erreicht. Er steht bereit und hält sein kleines Leben hoch. Dabei weiß er nicht, wann oder wo oder wie der Wind – der bläst, wo er will – es vielleicht wegweht. Er hält es nicht länger für sich fest, nur als etwas, das zum Weitergeben bestimmt ist. Die zarte Samenkugel muß jetzt auseinanderbrechen. Sie gibt und gibt und gibt, bis nichts mehr da ist.«

Denken Sie an die Menschen, deren Leben den meisten Einfluß auf Ihr eigenes gehabt hat. Waren es nicht Männer und Frauen, die beständig sich selbst hingegeben, aufopfernd geliebt und dadurch uns selbst Leben vermittelt haben? Der Reifeprozeß in einem Christen hat, wie beim Löwenzahn, nur einen Sinn: Leben weiterzugeben. Er gibt und gibt, bis nichts mehr da ist – für ihn selbst. Aber er hat Leben geschaffen – für neue Löwenzähne. So sind auch wir, in denen Christus lebt, die Träger sowohl seines Todes als auch seines Lebens. Wir sind die Vermittler des Lebens für die Welt.

Der Plan, der hinter dem Kommen Jesu in diese Welt stand, konnte nicht zur Durchführung kommen, ohne daß er sein eigenes Leben opferte. »Ich bin gekommen, damit sie das Leben und volle Genüge haben sollen. Ich bin der gute Hirte. Der gute Hirte läßt sein Leben für die Schafe.« (Joh 10, 10-11)

Jedesmal, wenn das Geheimnis des Leidens uns persönlich berührt und all die unendlichen, weltbewegenden Fragen aufs neue in uns aufsteigen, stehen wir vor der Wahl zwischen Glauben (der akzeptiert) und Unglauben (der sich weigert, zu akzeptieren). Es gibt nur eine einzige Fähigkeit, durch die wir in der Lage sind, dieses Geheimnis zu erfassen. Es ist die Fähigkeit zu glauben. Der Glaube ist der Dreh- und Angelpunkt moralischer und geistlicher Balance.

Ich schreibe als ein Mensch, der selbst eine Zuflucht verzweifelt nötig gehabt hat. Der Boden ist mir mehr als einmal unter den Füßen weggezogen worden. Was hat sich dabei abgespielt? Wohin sollte ich mich wenden? Zu Gott? Ist er Gott oder nicht? Liebt er mich oder liebt er mich nicht? Bin ich einem Chaos preisgegeben oder ist das Wort wahr, in dem mir gesagt wird, daß ich ein persönlich geschaffenes Wesen bin, berufen, geliebt und bewußt in einen geordneten Kosmos hineingesetzt, in ein planvoll geschaffenes Universum, das sich vollständig unter der Kontrolle eines liebenden Gottes und Vaters befindet?

In solchen Zeiten der Verwirrung und des Kummers hilft es mir, an einige der einfachsten Worte der Bibel zu denken wie z. B.: »Ich bin der gute Hirte«. Mein Herr hat diese Beschreibung selbst gewählt, und er ändert sich ja nie. Dies Wort begegnet meiner Not, denn ich bin wie ein Schaf, hilflos und jämmerlich blökend. Er kann nicht jemanden vergessen, um dessentwillen er sein Leben hingab. Ich verlasse mich hundertprozentig darauf.

»Sollte es unter der Herde zur Meuterei kommen, weil ihr Herr, ihr Hirte, die Weiden auswählt und nicht duldet, daß sie in Wüsten oder auf unbekannte Wege läuft?« schrieb einst Jeremy Taylor.

Ich habe mich entschlossen, zu glauben, mich auszuliefern, zu vertrauen und zu akzeptieren. Soviel kann ich tun. Und dann tut Gott, was ich nicht tun kann – »wenn er kommen wird wie ein reißender Strom, den der Odem des Herrn treibt.« (Jes 59, 19)

Nach dem Tod meines ersten Gatten Jim kehrte ich auf meine Missionsstation im Dschungel zurück. Meine Quichua-Freunde fühlten Mitleid mit mir. Sie hatten Jim ebenfalls geliebt. Es gab eine Menge Arbeit, und bald entwickelte ich eine neue Routine in ihrer Bewältigung. Ich war dankbar für all die vielen drängenden Pflichten, die meine Tage ausfüllten. Säcke voller Post erreichten mich. Sie brachten Trost und die Versicherung, daß Hunderte von Menschen für mich beteten. Die meisten von ihnen kannte ich nicht einmal. Ich schrieb selbst, um meiner Familie und meinen Freunden zu versichern, daß es mir und der kleinen Valerie gutging. Gott erwies sich als treu, und sie brauchten nicht in Unruhe zu sein bei dem Gedanken, daß ich »mutterseelenallein hier im Dschungel steckte.« Meine Schwiegermutter allerdings schrieb, sie fürchte, daß ich vielleicht meinen Schmerz nur unterdrücke und schließlich eines Tages zusammenbrechen würde. Das verletzte mich natürlich, und ich überlegte, ob sie damit recht hatte. Sie war Chiropraktikerin und scharfe Beobachterin der menschlichen Natur – eine kluge Frau, von der ich zu lernen wünschte. Aber gab es wirklich diesen Frieden nicht, der über alles Verstehen hinausging? Hatte ich mir nur eingebildet, daß ich ihn empfangen hatte? Konnte Gott sein Wort einlösen oder nicht? Der Feind brach wie eine Sturmflut über mich herein, und ich fühlte eine Menge neuer Sorgen auftauchen.

    Ein anderer Brief kam jedoch »zufällig« mit der gleichen Post wie der von Mutter Elliot. Ihn las ich immer wieder durch, denn er enthielt ein starkes Gegengift dazu. Es war ein anderes Gedicht von Amy Carmichael:

Wenn stürmische Winde uns drohen
stärke und kräftige unsern Willen.
O höre uns um deines Namens willen,
bewahre du uns Kraft und Frieden.

Ruhig, wie die unerschütterlichen Berge stehn
durch lange, stille Jahre der Belastung,
so laß an deiner rechten Hand uns warten,
in Ruhe und Beständigkeit.

Bis dahin kamen mir die Worte zu tapfer und zu stark vor, als daß sie auf mich gepaßt hätten. Doch die letzte Strophe gab mir Felsengrund unter die Füße.

Doch nicht aus uns kommt diese Stärke, Herr,
und nicht aus uns Beständigkeit und Mut.
Vertrauen gilt nur deinem ew'gen Wort
und deine Gegenwart ist Sicherheit und höchstes Gut.

Ich war nicht stark. Ich war nicht beständig und hatte kein Vertrauen. Doch ich hatte eine andere, zuverlässige Quelle der Sicherheit, eine, die für alle Zeiten garantiert war.

In der Einführung zu meiner Biographie von Amy Carmichael »A Chance to Die« habe ich versucht, etwas davon zum Ausdruck zu bringen, was ich ihr an Dank schulde. Ihre Worte bleiben für mich niemals leer. Sie sind Geist und Leben. Sie haben einen realistischen Klang, weil diese Frau aus eigenem Erleben wußte, was stürmische Winde einer Seele anhaben konnten. Sie kannte lange, stille Jahre, die mit Streß angefüllt waren. Sie kannte ihre eigene Schwäche. Sie lernte, das Leiden zu akzeptieren, ja es mit Freude zu akzeptieren. Und sie lernte, indem sie ihrer eigenen Natur gegenüber zum Sterben bereit war, bereit, ihr Ich nicht für sich zu behalten, sondern es als etwas zu betrachten, das sie mit anderen teilen sollte. Ihre so mannigfachen »Tode« brachten Leben hervor – für mich und für viele Tausende.

»Denn wir, die wir leben, werden immerdar in den Tod gegeben um Jesu willen, damit auch das Leben Jesu offenbar werde an unserm sterblichen Fleisch. So ist nun der Tod mächtig in uns, aber das Leben in euch.« (2. Kor 4, 11-12)

Erscheinen die Wege Gottes merkwürdig für manche, die aufrichtig darum ringen, gute und treue Nachfolger zu sein? Da gibt es stürmische Winde, lange, einsame Jahre voller Streß, Tode, die gestorben werden müssen. Der Eine, dem wir dienen, hat uns nicht ohne inneres Wissen über das Warum gelassen. Alle, die Menschen für Gott gewinnen und an seinem Reich bauen wollen, müssen durch solch ein Ausgeliefertsein und durch Opfer gehen. Das ist es, was »Gott lieben« heißt: ein ständiges Opfern, eine ungefärbte Bereitschaft, sich selbst hinzugeben, ein glückliches Gehorchen. Da bleibt kein Raum für die Frage: »Und was wird mit mir?«, wenn die Liebe das Motiv ist. Alle Interessen, alle Impulse, alle Energien sind dieser höchsten Leidenschaft unterworfen.

Hört sich das an, als ob wir den Boden unter den Füßen verlieren? Aber eigentlich kennen wir doch alle ein bißchen davon, wenn wir z. B. an etwas so Simples wie die Liebe zu einem Kind denken. Beobachten Sie doch nur einen Großvater, der mit seiner kleinen

Enkeltochter in einem Restaurant sitzt. Er denkt in keiner Weise an sich selbst. Wenn sie von seinen Pommes Frites abhaben möchte, überläßt er ihr mit Vergnügen alle. Er hält nichts zurück in dem Gedanken: und was bleibt mir? Er schiebt sie ihr einfach auf den Teller. Was steht hinter dieser Freude und der Selbstvergessenheit? Die Antwort ist ganz einfach: Liebe.

»Für eine Seele, die durch viele ›Tode‹ an diesen Punkt gekommen ist, werden selbst Handlungen, die nach Anstrengung aussehen, ganz natürlich. Sie erfolgen spontan und sind von ›himmlischer Unwillkürlichkeit‹ gekennzeichnet. So selbstverständlich sind sie die Folge der innewohnenden Liebe Christi.« (Trotter: »Parables of the Cross«)

Es gibt so viele feine, unterschwellige Formen der Ichsucht – das Bestehen auf meinem eigenen Urteil; das Vertrauen auf meine eigenen Möglichkeiten; das unbewußte Verfolgen eines eigenen Weges, ohne andere in Betracht zu ziehen; das Zögern, eine Ansicht auch nur anzuhören, die meiner eigenen entgegengesetzt ist; der Versuch, Gespräche in die Richtung meiner eigenen Interessen zu lenken. Wenn wir den Herrn bitten, uns unsere Selbstsucht zu zeigen, wird er es tun – freundlich, eine Sache nach der anderen. Und dabei wird er uns die Hilfe zuteil werden lassen, die wir brauchen, um all dem zu begegnen und um loszulassen. Doch manchmal wird das sehr schwer sein. Unser liebender Erlöser versteht das gut. Es geht gegen unsere Natur. Das schneidet tief ein.

Hat nicht unser Herr selbst in seiner Sündlosigkeit diese unsere verborgensten Versuchungen kennengelernt? Er kannte sie alle. Doch er blieb Sieger. »Ich kann nichts von mir aus tun«, sagte er (und dabei denke ich an die Versuchung durch Satan, als der ihn veranlassen wollte, Wunder zu tun). »Wie ich höre, so richte ich, und mein Gericht ist gerecht; denn ich suche nicht meinen Willen, sondern den Willen dessen, der mich gesandt hat.« (Joh 5, 30)

Kapitel 14

Die letzten dünnen Fäden

»Schau die Samenkapseln der wilden Iris an, wie auch die letzten schwachen Fasern zerrissen werden müssen. Und mit diesem Lösen ist alles, was sie besitzen, frei für Gott, so daß er es nutzen kann für seine Welt ringsumher. Aller Widerstand, alle eigenen Intentionen, alles Festhalten ist vorbei. Die Kapseln sind weit offen; die Samen können sich ungehindert verstreuen.«

Blaise Pascal, der Verfasser der »Pensées«, wurde 1623 in Clermont in Frankreich geboren. Seine Mutter starb, als er drei Jahre alt war. Seine Erziehung lag in Händen seines Vaters, eines Regierungsbeamten. Dabei wurde der Sohn so frühreif, daß sein intensives Studium ihn an den Rand des gesundheitlichen Ruins brachte. Später entwickelte sich Blaise Pascal zu einem der größten Physiker und Mathematiker aller Zeiten.

Im Alter von einunddreißig Jahren hatte er, während er das siebzehnte Kapitel im Johannesevangelium las, eine mystische Erfahrung. Er empfand plötzlich, wie die Leere seines Lebens mit der Gegenwart Gottes erfüllt wurde. Pascal nannte das seine »zweite Bekehrung«, die für ihn so entscheidend war, daß er Notizen darüber machte und diese in das Futter seines Rockes einnähte. Man fand sie noch in dem Rock, den er vor seinem Tode trug. Ein Teil der Notizen sei hier abgedruckt:

»Im Jahre der Gnade 1654, Montag, den 23. November ... von etwa halb elf Uhr abends bis eine halbe Stunde nach Mitternacht:

Feuer

Gott Abrahams, Gott Isaaks, Gott Jakobs (2. Mose 3, 6) –
nicht der Philosophen und Gelehrten.
Gewißheit. Innige Freude. Friede.
Gott Jesu Christi.
Gott Jesu Christi.
»Mein Gott und euer Gott.« (Joh 20, 17)
»Dein Gott soll mein Gott sein.« (Ru 1, 16)
Vergessen der Welt und aller Dinge, ausgenommen Gott...
Freude, Freude, Freude, Tränen der Freude.
Jesus Christus.
Ich bin von ihm getrennt, weil ich ihn gemieden,
ihn verleugnet, ihn gekreuzigt habe.
Möge ich niemals von ihm getrennt werden.
Er wird nur auf den Wegen bewahrt,
die im Evangelium gelehrt sind.
Vollkommene und innige Entsagung.
Vollkommene Unterwerfung unter Jesus Christus
und unter meinen geistlichen Führer.
Ewig in der Freude für einen Tag der Plage auf Erden.
Ich werde deine Worte nicht vergessen (Ps 119, 16). Amen.«
(Übers. a. d. Engl.)

Pascal ertrug in seinem Leben mancherlei Leiden. Während der letzten sechs Monate wurden seine körperlichen Beschwerden äußerst heftig. Er betete darum, daß er sie als ein Christ ertragen möge. »Krank, wie ich bin, möchte ich dich in meinen Leiden verherrlichen.«

Hier folgt eins der fünfzehn Gebete, die er mit der Bitte an Gott schrieb, seine Krankheit zu seiner Verherrlichung zu gebrauchen:

»Nimm von mir, o Herr, dieses Selbstmitleid, das meine Selbstliebe so leicht produziert. Und nimm von mir die Enttäuschung über mangelnden Erfolgs in der Welt, den ich mir von Natur aus wünsche. Denn beides hat für

deine Verherrlichung keine Bedeutung. Statt dessen schaffe in mir eine Sorge, die in Einklang ist mit deinen Anliegen. Laß meine Schmerzen vielmehr den glücklichen Zustand meiner Bekehrung und meiner Erlösung zum Ausdruck bringen. Laß mich nicht länger nach Gesundheit und Leben streben, sondern dieses führen und beenden für dich, mit dir und in dir. Ich bete nicht um Gesundheit noch um Krankheit, um Leben oder um Tod. Statt dessen bete ich darum, daß du über meine Gesundheit, meine Krankheit, mein Leben und meinen Tod verfügst, wie es zu deiner Ehre, für meine Erlösung, für den Nutzen deiner Kirche und deiner Heiligen dient, unter denen ich auch zu sein hoffe. Du allein weißt, was für mich gut ist. Du bist der Herr und Meister. Tu du, was dir gefällt. Gib mir oder nimm mir, wie du willst. Mach meinen Willen dem deinen gleich und gewähre mir, daß ich in demütiger und vollkommener Unterwerfung und in heiligem Vertrauen mich dir selbst bis zum letzten zur Verfügung stelle. Laß mich die Anweisungen deiner immerwährenden, vorausschauenden Fürsorge empfangen. Laß mich alles, was auch immer von dir kommt, in gleicher Weise achten und ehren.«
(Übers. a. d. Engl.)

Pascal waren Leiden zugewiesen, wie es allen Menschen in größerem oder geringerem Maß zuteil wird: »Denn euch ist es gegeben um Christi willen, nicht allein an ihn zu glauben, sondern auch um seinetwillen zu leiden.« (Phil 1, 29) Er hielt an seinem Leben und seinen Plänen nicht mehr fest. Jeder Widerwille, jedes Berechnen, jedes Anklammern war vorbei.

»Euch ist bestimmt ... zu glauben ... (und) auch zu leiden.« Als der Apostel diese Worte schrieb, befand er sich im Gefängnis. Er hatte das Evangelium mutig und frei bezeugt. Und nun schrieb er an Gläubige, die Feindschaft erdulden mußten, als sie für ihren Glauben eintraten – wenn sie sich auch nicht im Gefängnis befanden. Paulus sagte ihnen, daß Leiden ein Privileg sei.

Ist es legitim, diese Worte auch auf andere Leiden wie z. B. die Krankheit Pascals zu beziehen? Wir fragen uns vielleicht, wie unsere besondere Schwierigkeit (vor allem, wenn es um etwas Alltägliches geht) als Leiden um Christi willen angesehen werden kann. Wir sitzen nicht im Gefängnis, weil wir die Wahrheit gesagt haben. Wir werden nicht um unseres Glaubens willen verfolgt. Viele Menschen in unserer heutigen Welt stehen unter einem solchen Druck, wie wir ihn in Nordamerika noch nie kennengelernt haben. Uns ist dieses Privileg noch nicht gewährt worden. Doch mir scheint, daß »haben, was man nicht möchte«, oder »wünschen, was man nicht hat« – einerlei wie unbedeutend es sein mag – den Tonleitern gleicht, die man auf dem Klavier üben muß. Sie sind weit entfernt davon, wie eine Fuge zu klingen. Doch zur Fuge gelangt man nicht, wenn man die Tonleitern nicht beherrscht. Unser himmlischer Vater setzt die Lektionen fest, je nachdem, wie weit wir schon fortgeschritten sind. Alles kommt aus seiner Gnade.

Dessen Herz voll Liebe ohne Maß,
gibt Tag für Tag, was gut in seinen Augen.
Liebend gibt er Schmerz und Freude,
mischt uns Müh' mit Ruh und Frieden.

Paulus sagt dem jüngeren Timotheus, daß er bereit sein solle, seinen Teil an Leiden zu akzeptieren (2. Tim 1, 8). Ich glaube, daß uns Leiden gegeben wird, damit wir es an *ihn* zurückgeben. Er *mußte* leiden. Sollte es da in irgendeiner Form nicht auch zu unserem Leben dazugehören, daß wir leiden *müssen*, die wir seine »Knechte« und »Mägde« sind? Wir sind nicht größer als er, und er kennt unsere Verfassung, weiß am besten, was er uns auferlegen kann. Der Schreiber des Hebräerbriefes spricht vom »Laufen im Kampf, der uns bestimmt ist«. Damit schließt er ganz selbstverständlich ein, daß jeder seinen eigenen Kampf hat, der eine diesen, der andere jenen. Doch alle müssen dabei »aufsehen auf Jesus«, der die nötige Kraft dazu gibt.

Eine Freundin schrieb mir, wie ihr geholfen wurde angesichts einer völlig unsinnigen Eifersucht. Obwohl sie wußte, daß sie nicht begründet war, litt sie doch sehr real und so, daß es sie blockierte. Sie konnte es einfach nicht ertragen zuzusehen, wie ihr Mann quer durch einen Raum sich mit einer anderen Frau unterhielt. Sie wußte sehr genau, daß in der Beziehung zu dieser Frau – oder irgendeiner anderen – überhaupt nichts Ungewöhnliches zu suchen war. Sie erkannte das Problem als ihr eigenes und betrachtete ihre Reaktion als neurotisch. Trotzdem war sie nicht aus der Welt zu schaffen und verursachte ihr regelrechte Pein. Sie wußte einfach nicht, was sie dagegen tun konnte. Eines Nachts, nach einem Abend, an dem sie ihren Mann im Gespräch mit mehreren Frauen gesehen hatte, waren beide Ehegatten zu Bett gegangen. Er, um bald darauf zu schlafen – sie lag wach, gequält vom Dämon ihrer Eifersucht. Schließlich stand sie auf und ging in ein anderes Zimmer. Dort kniete sie nieder, nahm in Gedanken die Gefühle, die sie zu überwältigen drohten, in ihre Hände und hob diese auf zu Gott. Laut betete sie nun und hielt die ganze Sache dem Herrn hin. Wie die Schote der wilden Iris, ließ sie auch die letzten welken Fäden los. Sie bezeugte später, daß der Herr das Dargebotene einfach angenommen habe – im gleichen Augenblick. Und statt dessen gab er ihr Frieden. Der schlichte körperliche Akt, mit dem sie dem Herrn die Sache übergab und dafür seinen Frieden empfing, halfen ihr zu einer endgültigen Lösung des Problems. Und sie wollte es um keinen Preis zurückhaben, obwohl der Satan ihr später zuflüsterte, daß sie es ja gar nicht wirklich ausgeliefert habe. Erleichtert ging sie zurück ins Bett und war bald darauf friedlich eingeschlafen.

Wir sehen uns heute einer schwindelerregenden Menge an Informationen über Probleme anderer Leute gegenüber – eine Folge des unausweichlichen Bombardements durch die Massenmedien, wozu auch tägliche Sendungen über emotionale Enthüllungen bei Talkshows gehören. Da liegt der Schluß nahe, daß das Evangelium unmöglich für all diese Schwierigkeiten relevant sein kann. Außerdem ist es ja auch bereits vor sehr langer Zeit geschrieben worden. Das Leben ist so überwältigend kompliziert geworden. Heute gibt es Probleme, von denen unsere Großeltern niemals etwas gehört haben. Jeder braucht eine spezielle Gruppe, die ihn unterstützt. Ein Experte muß da sein, der dazu ausgebildet ist, mit diesen besonderen

Nöten fertig zu werden. Natürlich können solche Gruppen hilfreich sein. Und Experten kennen und wissen mehr als wir übrigen Sterblichen. Mir begegnen viele Menschen, die Antworten auf ihre besonderen Fragen haben möchten. (Dabei bin ich keine Psychologin und habe auch nie behauptet, eine zu sein.) Und jedesmal, wenn ich denke: so etwas Schlimmes habe ich noch nie gehört, dann übertrifft eine nächste Geschichte das Gehörte noch. Ich kenne keine Autorität außer dem Wort Gottes. Wenn ich um Hilfe bete und darin nach Antworten suche, finde ich oft Wahrheiten, die genau in die Situation passen. »Es gibt nichts Neues unter der Sonne«, sagte der Prediger vor dreitausend Jahren und: »Was geschieht, das ist schon längst gewesen, und was sein wird, ist auch schon längst gewesen; und Gott holt wieder hervor, was vergangen ist.« (Pred 3, 15) Das Evangelium ist immer noch eine Gotteskraft und dient zur Erlösung – für uns selbst und alle unsere Schwierigkeiten.

Pascals Beschreibung des Menschen aus dem siebzehnten Jahrhundert deckt sich vollkommen mit dem Bild, das der Mensch am Ende des zwanzigsten Jahrhunderts bietet: »Er ist abhängig und wünscht sich Unabhängigkeit. Das ist seine Not.« Pascals Gebet trifft in das Zentrum der Lösung: »Du bist unser souveräner Herr und Meister. Tu du, was dir gefällt. Gib mir oder nimm mir, wie du willst.« (Übers. a. d. Engl.) Akzeptieren und Loslassen sind die Schlüssel zu unserem Frieden.

»Möge Gott uns jede Faser unseres Ich zeigen, die noch irgendwo festhängt und abgelöst werden muß.« (Trotter: »Parables of the Cross«)

Kapitel 15

Geknickt und abgebrochen von den Stürmen

»Die Samenkapsel hat keine eigene Tendenz mehr. Sie wartet nur auf eine Gelegenheit, abzufallen. Ihre Bestimmung ist erfüllt, wenn der Wind die letzten Samen verstreut hat und die welken Blütenstengel von den Herbststürmen geknickt und abgerissen sind. Die Samenkapsel gibt nicht nur alles, was sie hat, sondern ist schließlich selbst verbraucht.«

Als erste Missionarin Algeriens fühlte sich Lilias Trotter oft hilflos und stumm angesichts der immensen Aufgabe, das Evangelium durch diese öden Wüsten zu den zahllosen kleinen Dörfern zu bringen, die zwischen den Sandhügeln versteckt lagen. Nach sieben Jahren kehrte sie in die Heimat zurück. Sie fühlte sich so erschöpft, daß sie »Wochen zum Beten« brauchte. »Doch im Augenblick scheine ich nicht einmal in der Lage zu sein, mich aufs Gebet oder etwas anderes konzentrieren zu können. Ich vegetiere nur so dahin. Manchmal schreibe ich in mein Tagebuch und übertrage Bilder von sehr flüchtigen Skizzen und dazugehörige Bemerkungen hinein. Auf einem Kamelrücken sitzend hatte ich sie einst in meinem kleinen Notizbuch festgehalten oder auch in seltenen freien Augenblicken, während das Abendessen kochte oder die Tiere getränkt wurden.«

Lilias' Arzt war der Ansicht, daß ihr Herz und ihre Nerven durch die Anstrengungen und das Klima erschöpft seien. Während eines Schirokkos (eines heißen, drückenden, staubgeschwängerten

Windes aus der libyschen Wüste) hatte sie einmal eine Rekordtemperatur von 47 Grad Celsius im Schatten festgestellt. Zusätzlich zu diesen physischen Belastungen kam der Eindruck, daß sie es mit bösen Mächten und geistlichen Angriffen zu tun hatte. Viele, die in Gegenden, wo das Licht des Evangeliums jahrhundertelang nicht geschienen hatte, gegen die Herrschaft der Finsternis angegangen sind, bezeugen diese Realität. Sie bekamen die Feindschaft dieser Kräfte und ihre fast greifbare Macht zu spüren, die ihnen entgegenschlug.

An einem Platz in England – Morley Hall – beschrieb Lilias dann ein »wunderbares Empfinden von dem, was es heißt ›mit Christus begraben‹ zu sein. Nicht nur ›tot‹, sondern ›begraben‹, im Grab zur Ruhe gebracht sein. Das ›ich kann‹ und das ›ich kann nicht‹ nebeneinander in der Stille ›eines Grabes neben *Ihm*‹ mit Gottes Siegel auf dem Stein und seiner Wache davor, so daß nichts außer dem Auferstehungsleben Jesu hervorkommen durfte.«

Da gerade Herbstzeit war, beobachtete sie die Eicheln, die draußen vor ihrer Unterkunft auf die Straße fielen. Sie dachte darüber nach, daß diese Samen niemals zu einer Entfaltung kommen würden, weil sie nur *auf* dem Boden lagen und nicht *in* ihm. Sie lieferte sich ganz neu Christus aus, um mit ihm zu *sterben*. Sie wollte ein Weizenkorn sein, das *in* den Boden hineinfiel.

Als sie an ihre Missionsarbeit zurückkehrte, traf sie Schlag auf Schlag. Zwei Bräute, junge Mädchen von fünfzehn und sechzehn Jahren, die sich dem Christentum zugewandt hatten, starben an einem ganz langsam wirkenden Gift. Zweifellos war es ihnen von Feinden des Evangeliums verabreicht worden. Ein Mädchen, das sich bekehrt hatte und schon jahrelang Treue im Glauben bewiesen hatte, geriet unter die Gewalt einer Zauberin und wollte plötzlich mit den Missionaren nichts mehr zu tun haben. Schlimme Drogen wurden eingesetzt, um andere Bekehrte aufzuwiegeln. Obwohl menschlicherseits nichts Mutmachendes zu erkennen war, kehrte Lilias Trotter doch immer wieder zu den Gleichnissen zurück, die die Natur um sie herum sie erkennen ließ.

»Angesichts dieses trostlosen Himmels und des kalten Windes haben vier kleine Schneeglöckchen in den letzten zwei oder drei Tagen ihre Köpfchen aus der Erde erhoben. Und heute hat nun eins von ihnen sich aufgerichtet; rein und furchtlos steht es da auf seinem Stiel, mit der ganzen Verheißung des Frühlings.«

Lilias Trotter kannte die Kraft des Gebetes, die alle Grenzen äußerer Möglichkeiten sprengte. Während sie an die »lieben schmutzigen Hütten von Tolga, die runden Dächer der Souf, die hufeisenförmigen Bogengänge von Tozeur und die ziegelgedeckten kleinen Häuschen hinter stacheligen Birnenhecken in den Hügeln« und ihre Ohnmacht, sie aufzusuchen, dachte (ihr und ihren Mitarbeitern war es verboten worden, in den Süden des Landes zu gehen), erfüllte sie eine intensive Freude, für sie alle zu beten. Sie glaubte fest, daß sie durch dieses Medium nachdrücklicher »das Wirken des Heiligen Geistes auslösen« könne, als wenn man ihr erlaubt hätte, selbst dort aufzutreten. »Man kann beim Beten die Tür schließen und allein vor Gott stehen, wie es nicht möglich ist bei all den bedrängenden äußeren Ablenkungen aus dem Bereich des Sichtbaren.« Der Gedanke an das unbeantwortete Gebet Moses, der das gelobte Land nicht betreten konnte, tröstete sie. Jahrhunderte später durfte er dann mit Jesus selbst dort auf dem Berg stehen. Und dann war da Elia, dessen Wunsch zu sterben abgelehnt wurde. Aber er erfuhr die Herrlichkeit des feurigen Wagens, als Gottes Zeit kam, ihn zu sich zu rufen.

Wie die Stengel der Blumen, war Lilias Trotter durch viele Stürme geknickt worden. Sie hoffte nichts mehr für sich selbst, sondern nur noch darauf, zu »geben und hingegeben zu werden«, ihr Leben durch Verlieren und nicht durch Gewinnen bestimmen zu lassen, zum Brot zu werden, das gebrochen und zum Wein, der ausgegossen werden würde.

Samuel Zwemer, ein anderer Missionar in Nordafrika, beschrieb einmal, was auch für Lilias Trotters Leben gelten konnte: »Zufrieden sein damit, länger als eine Generation in der Verkündigung des Evangeliums auszuharren, wo es so wenig sichtbare Ergebnisse gibt, ist ein Heroismus höchsten Grades, ein Heroismus, der nicht von dieser Welt stammt« (»The Love that Was Stronger«, I. R. Govan Stewart).

Der Same muß aufbrechen, um die neuen Triebe hervorkommen zu lassen. Die Blattknospe muß sich öffnen, damit das Blatt wachsen kann. Die Blütenknospe springt auf, um der Blüte die Entfaltung zu ermöglichen, und die Blütenblätter schließlich fallen ab, damit die Frucht gebildet werden kann. So wird in dem wunderbaren Kreislauf, den der Schöpfer einrichtete, der Sinn jedes einzelnen Teils dieser Schöpfung erfüllt. Der Menschensohn verließ die Herrlichkeit des Himmels, um den Plan des Vaters zu erfüllen: »Denn ihr kennt die Gnade unseres Herrn Jesus Christus: obwohl er reich ist, wurde er doch arm um euretwillen, damit ihr durch seine Armut reich würdet.« (2. Kor 8.9)

Er ruft uns alle zum Armwerden auf – zu jener totalen Selbstentäußerung, die die Loslösung von allem bedeutet, was die Welt zu bieten hat. Manche beruft er zur Armut im engeren Sinn, daß sie nämlich ohne Geld und Besitz leben sollen. Geld entfaltet eine furchtbare Macht, wenn man es liebt. Es kann uns blind machen, uns fesseln, uns mit Angst und Furcht quälen, unsere Tage und Nächte mit Elend erfüllen und uns total erschöpfen, wenn wir danach jagen. Die mazedonischen Christen, die wenig davon besaßen, akzeptierten ihr Schicksal im Glauben und Vertrauen. »Denn ihre Freude war überschwenglich, als sie durch viel Bedrängnis bewährt wurden, und obwohl sie sehr arm sind, haben sie doch reichlich gegeben in aller Einfalt.« (2. Kor 8, 2) Sie waren der lebendige Beweis dafür, daß Großzügigkeit nicht von Armut oder Reichtum abhängt. Und manchmal sind die finanziell Ärmsten am ehesten bereit, mit anderen zu teilen. »... und haben uns mit vielem Zureden gebeten, daß sie mithelfen dürften an der Wohltat und der Gemeinschaft des Dienstes für die Heiligen.« (2. Kor 8, 4)

Vielleicht werden wir aber auch dazu berufen, eine andere Art von Armut zu akzeptieren – etwas, das andere gar nicht bemerken. Lilias Trotter konnte keine beeindruckenden Ergebnisse ihrer missionarischen Arbeit vorweisen, wenn man sie mit aufregenden Berichten, die gleichzeitig aus anderen Ländern kamen, verglich. Diese Armut hatte sie akzeptiert, das »Begrabensein« mit Christus, in einem versiegelten Grab, wie sie sagte, so daß nichts als das Leben des auferstandenen Herrn Jesus sichtbar werden sollte.

Eine Gruppe von Sonntagsschulleitern (zu denen auch mein Großvater gehörte und die mein damals neunjähriger Vater begleiten durfte) besuchte Lilias Trotter im Jahr 1907 und bat, etwas von ihrer Arbeit sehen zu dürfen.

»Unser erstes Empfinden war reine Bestürzung«, schrieb Miss Trotter. »Was konnten wir ihnen in einer Stunde zeigen? Und dann: was hatten wir überhaupt, um es Amerikanern mit ihren großartigen Ideen und ihrem scharfen Geschäftssinn vorzuführen? Keine Krankenhäuser, keine Schulen, wenig Organisation und keine Resultate, über die man nach zwanzigjährigem Kampf in Algerien hätte sprechen können. Dann kam mir das lösende Wort in einem alten Spruch: ›Schwierigkeiten sind die Atmosphäre, in der Wunder geschehen‹. Wir brachten das Problem vor Gott, und während wir beteten, entfalteten sich die Umrisse eines Programms. Wir beschlossen, ganz aufrichtig zu sein und nicht mit irgend etwas aufzuwarten, was wir getan hatten, sondern das zu zeigen, was noch nicht geschafft worden war. Wir trauten Gott zu, daß er unsere ganze Ohnmacht und Schwachheit benutzen könnte.«

Der Tag kam herbei, und der Führer der Gruppe erinnerte Miss Trotter daran, daß sie nur eine einzige Stunde zur Verfügung hätten. Doch diese Zeit wurde bei weitem überzogen, als Lilias Trotter ihnen dann die Karten zeigte, die sie auf ihrem Hof rund herum ausgelegt hatte. Diese wiesen »erbärmlich dünne Linien von Stationen auf und einen noch trübseliger anmutenden Bericht über einmal besuchte Plätze, die mit winzigen roten Fähnchen markiert waren, und die später wieder ihrer Dunkelheit überlassen blieben. Dazu kamen ein paar Fotos mit mitleiderregenden Gesichtern aus den Stämmen im Inland u.ä. – von Menschen ohne Gott.«

Und was kam dabei heraus?

Bevor das Schiff, das die Amerikaner wieder entführte, Neapel erreichte, hatten sie bereits genug Geld beisammen, um sechs Missionare drei Jahre lang zu unterhalten. Die Algerische Missionsgesellschaft war gegründet worden, und in Amerika bildete sich ein Komitee zur Betreuung der Arbeit.

Gott hatte gerade die absolute Schwachheit der ganzen Sache benutzt. Die ganz neue Hingabe, die sie in Morley Hall in England vollzogen hatte, um ganz »mit Christus begraben« zu sein, hatte Lilias Trotter für die Tragödien vorbereitet, denen sie gegenüberstand, als sie auf ihr Arbeitsfeld zurückkehrte. Doch das war nicht das Ende der Geschichte Gottes mit ihr. Dem Tod folgte die Auferstehung, wie es bei den Blumen und den Kindern Gottes immer zu gehen pflegt – zu Gottes Zeit.

Kapitel 16

Der Punkt der Verzweiflung

»Ein bißchen Torfmoos zeigt den Prozeß (wie der Tod zu neuem Leben führt) im kleinen. Ein Stadium des Sterbens nach dem anderen wurde durchlaufen, und eins nach dem anderen wurde immer wieder mit Leben gekrönt. Und jedesmal, wenn dies neue Leben wieder niedersank in den Tod, wurde es im Akt des Sterbens neu beschenkt. Das Leben ist immer das, was offenbar wird. Das tägliche Sterben, das dem zugrundeliegt, ist dem flüchtig darüber hingehenden Blick verborgen.«

Sphagnum gehört zu einer großen Gruppe von Moosen, von denen einige besonders stark absorbierend wirken und die deshalb bei Verbänden nach Operationen benutzt werden. Sie wachsen nur in Sümpfen oder im Wasser. Und indem jede Schicht zugrundegeht und vermodert, wird sie »im Akt des Sterbens gekrönt«, beschenkt, d. h. auf ihr wächst eine neue Schicht ins Leben hinein. Auf diese Weise bilden sich manche Moore.

Wenn zu Zeiten sich Sorgen auf Sorgen häufen, kommt uns zwangsläufig der Gedanke, ob Gott uns diesmal nicht wirklich vergessen hat. Wir denken an seine Verheißung, daß wir nicht über unser Vermögen versucht werden sollen. Es scheint, daß er dieses Versprechen vergessen hat. Daß er vergessen hat, gnädig zu sein. Wenn jemals ein Mann Grund hatte, so zu denken, war es Walter Ciszek. Er schreibt davon in »He Leadeth Me«. In einem sowjetischen Arbeitslager wurde er wochenlang verhört. Man versuchte ihn zur Kooperation zu überreden. Er sollte aktiv mit denen, die ihn gefangenhielten, in verschiedenen Aktionen und Programmen zusammenarbeiten.

»Das Leben im Lager wurde mir in den schwärzesten Farben und mit den bittersten Details ausgemalt. Man wies mich darauf hin, wie leicht ich dem entgehen könnte, wenn ich mit dem NKWD zusammenarbeiten würde. Ich war wütend, und dann schämte ich mich wieder wegen meiner eigenen Unentschlossenheit. Warum konnte ich nicht einfach aufstehen und ›nein‹ sagen? Statt dessen suchte ich Zeit zu gewinnen. Ich versuchte ein ›Katz und Maus-Spiel‹ mit dem, der mich verhörte, zu spielen, bat um Zeit, um über seine verschiedenen Vorschläge nachzudenken.«

Man gab Ciszek Bücher über Geschichte und Philosophie des Kommunismus und befragte ihn über die Inhalte. Er freute sich, die Diskussion in die Länge ziehen und damit auch die endgültige Entscheidung aufschieben zu können.

»Dann brach eines Tages vollständige Dunkelheit über mich herein. Vielleicht hatte mich die Erschöpfung dahin getrieben. Jedenfalls hatte ich einen Punkt erreicht, wo die Verzweiflung über mich herfiel. Überwältigt von der Hoffnungslosigkeit meiner Situation, wußte ich, daß ich eine endgültige Entscheidung nicht mehr hinauszögern konnte. Ich konnte keinen Ausweg mehr erkennen und hatte jeden Funken von Hoffnung verloren. Ich sah nur noch meine eigene Schwäche und die Unfähigkeit, zwischen Zusammenarbeit und Tod zu wählen...

Ich wußte, daß ich über alle Grenzen hinausgegangen war. Ich hatte die äußerste Linie überquert, die mich noch von einem schwarzen Abgrund getrennt hatte, wie er mir niemals vorher begegnet war. Er war so real da, daß ich anfing zu zittern... Die letzten Fasern, die mich noch im Glauben an Gott gebunden hatten, waren zerrissen... Als mir das klar wurde, packte mich Angst. Zitternd wandte ich mich im Gebet erneut an Gott. Ich wußte, daß ich diesen Gott, den ich vergessen hatte, augenblicklich suchen mußte.«

Doch Gott hatte ihn nicht vergessen. Und er tröstete ihn mit der Erinnerung an den Herrn und seine schwere Stunde in Gethsemane. Auch er hatte Angst und Schwachheit gekannt, als er das Leiden und den Tod vor sich sah. Sein »nicht mein Wille« war dann ein Akt der totalen Selbstauslieferung gewesen. Von dem Augenblick an war Ciszek verändert.

»Ich wußte sofort, was ich tun mußte, was ich tun würde. Und irgendwie wußte ich auch, daß ich es tun konnte. Ich wußte, daß ich mein Ich vollständig dem Willen des Vaters überlassen und von jetzt an in diesem Geist der Selbstverleugnung Gott gegenüber leben mußte. Und das tat ich ... Gottes Wille war nicht verborgen irgendwo ›da draußen‹, in den Situationen, denen ich gegenüberstand. Die Umstände selbst waren sein Wille für mich. Was er von mir erwartete, war, daß ich diese Dinge aus seiner Hand annahm, die Zügel losließ und mich selbst gänzlich ihm zur Verfügung stellte ... Es war die Gnade Gottes, die er mir schon mein ganzes Leben hindurch angeboten hatte, wobei ich aber nie wirklich den Mut gehabt hatte, sie vorbehaltlos zu akzeptieren.« (Walter J. Ciszek, »He Leadeth Me«)

Ciszek ist ein Zeuge mehr für die erstaunliche Gnade, die auch in unserer modernen Zeit glaubende Menschen treu durch alle Gefahren, Plagen und Fallstricke getragen hat.

» ... in Schlägen, in Gefängnissen, in Verfolgungen, in Mühen, im Wachen, im Fasten ... in Ehre und Schande; in bösen Gerüchten und guten Gerüchten, als Verführer und doch wahrhaftig; als die Unbekannten und doch bekannt; als die Sterbenden, und siehe, wir leben; als die Gezüchtigten, und doch nicht getötet; als die Traurigen, aber allezeit fröhlich; als die Armen, aber die doch viele reich machen; als die nichts haben, und doch alles haben.« (2. Kor 6, 5.8-10)

Der Tod einer Moosschicht bereitet den Nährboden für das neue Leben. Die winzigen trockenen Wedel, die so gar keine Lebenskraft oder irgendwelchen Nutzen an sich mehr haben, sind im Plan des Schöpfers noch stark und brauchbar. Er nutzt ihren trostlosen Zustand und läßt etwas Lebenspendendes daraus erwachsen. Ohne das Sterben würde das Sphagnum-Moos nicht immer weiterleben.

Ich bin dankbar für die seltene Kombination von künstlerischer Begabung und klarem geistlichem Blick, wie er Lilias Trotter gegeben war. Das Bild des Torfmooses »gekrönt im Akt des Sterbens« beleuchtet für uns so wunderbar das Wort aus dem Hebräerbrief (2, 9): »Den aber, der eine kleine Zeit niedriger gewesen ist als die Engel, Jesus, sehen wir durch das Leiden des Todes gekrönt mit Preis und Ehre; denn durch Gottes Gnade sollte er für alle den Tod schmecken.« Gekrönt, weil er litt. Wollen wir uns nicht mit ihm auch darin vereinigen? Er starb für uns – und George MacDonald sagte dazu: »... nicht, damit wir nicht zu leiden brauchten, sondern damit unsere Leiden dem seinen ähnlich sein sollten.« Denken wir darüber nach, was das bedeutet. Wenn wir seine Kinder sind, teilen wir seinen Reichtum mit ihm. Und alles, was Christus als seinen Willen ausgibt, gehört ebenfalls zu uns: »... wenn wir denn mit ihm leiden, damit wir auch mit zur Herrlichkeit erhoben werden.« (Röm 8, 17)

Es gab einen Tag im Januar 1973, an dem auch ich mich der Trostlosigkeit nahe fühlte. Mein Mann erhielt an diesem Tag die erste Strahlenbehandlung gegen seinen Krebs. Das waren dreieinhalb Minuten unter dem »Auge« einer Maschine von der Größe eines Lkws, die einen Lärm wie von drei Motorbooten verursachte. Im Flur war eine ominöse Tafel angebracht: »Achtung – Hochspannung«. An der Tür zum Wartezimmer stand zu lesen: »Nuklear-Medizin«.

Morgens hatte ich dort gesessen und darüber nachgedacht, was nun auf uns zukommen würde. Mein Blick war hinausgegangen auf die kahlen Zweige des Hartriegelbaumes, der sich gegen einen winterblauen Himmel abhob, und auf meinen kleinen Scotchterrier, MacDuff, der fröhlich im Schnee herumrannte, so gut es seine kurzen, kleinen Beine erlaubten. Begeistert schnüffelte und stieß er mit seiner bereiften, schwarzen Schnauze herum. Nachmittags beobachtete ich dann im Wartezimmer die anderen Patienten, die einer nach dem anderen in die »Schreckenskammer« hineingingen, bis Add an die Reihe kam.

Die wenigen Minuten, in denen er fort war, wurden mir sehr lang – lang genug, um für ihn zu beten und um die ganze Szenerie des Tages bewußt aufzunehmen: den blauen Himmel, den Hartriegelbaum, meinen kleinen MacDuff, die Schneelandschaft, das geheimnisvolle Arbeiten des Betatrons und wir selbst – in der Hand dessen, der uns alle gemacht hatte, in der Hand, die mit den liebenden Worten auf uns lag: »Fürchtet euch nicht!«

Ganz langsam begann ich zu verstehen, warum Leiden in der Bibel viele Male als Gabe bezeichnet wird. Es ist eine Vorstellung, die für den normalen menschlichen Verstand so sinnlos erscheint, wie die Vorstellung von Christus am Kreuz ein Ärgernis für die Juden und eine Torheit für die Griechen ist. »Denn die Torheit Gottes ist weiser, als die Menschen sind, und die Schwachheit Gottes ist stärker, als die Menschen sind.« (1. Kor 1, 25) Dinge, die geistlich erkannt werden müssen, können auf eine andere Weise gar nicht wahrgenommen werden. Die Wahrheit des Reiches Gottes schneidet quer durch unser natürliches Verstehen. Doch wenn es nichts und niemanden mehr gibt, an das oder den man sich wenden könnte außer Gott, wenn keine Erklärungen mehr da sind, die Herz oder Denken befriedigen außer dem Wort Gottes, dann öffnet der Geist Gottes denjenigen das Verständnis, die sich in ihrer Hilflosigkeit an ihn wenden.

Wenn ich mein Tagebuch aus dem Jahr 1973 durchlese, dann dämmert mir etwas von dieser radikalen Umkehrung. Ich dankte Gott für Dinge, für die ich ihm niemals zu danken gelernt hätte ohne das Leiden. Und das Danken mitten in der Dunkelheit macht den Weg frei für die Gnade. Walter Ciszek, der die täglichen Tode im Arbeitslager starb, kannte einen Schrecken der Finsternis, der viel größer war als meiner, aber er versicherte mir: »Gott ließ mich nicht allein.« Gott war da, selbst wenn ihm seine Gegenwart nicht bewußt war.

Ich kann Gott darin beim Wort nehmen, daß es keine Tiefen gibt, durch die ich gehen muß, in denen er nicht da wäre. Manchmal frage ich mich: Warum brauche ich dann noch die Bestätigung eines Menschen – neben Gott? Er hat mir immer und immer wieder gesagt, daß er bei mir ist und es allezeit und überall sein will – im tiefen Wasser, in der Hitze des Feuers, im dunklen Tal. Trotzdem kommen mir manchmal Zweifel. Und darum bringt er in seiner Gnade einen Zeugen nach dem anderen herbei, Menschen, die die Dimensionen der verwandelnden Gnade kennengelernt haben. Sie hätten diese aber nie erfahren außerhalb der Situationen, in die sie hineingeraten waren.

»... als die Sterbenden, und siehe, wir leben; als die Gezüchtigten, und doch nicht getötet; als die Traurigen, aber allezeit fröhlich; als die Armen, aber die doch viele reich machen ...« (2. Kor 6, 9-10)

Sie schauen uns freundlich an, wenn sie leise fragen: »Wo erwartet ihr denn herauszufinden, was echter Glaube ist? Wo wollt ihr die Wahrheit des ewigen Wortes erproben?«

Kapitel 17

Der Todesstoß

»Innerhalb weniger Stunden (der Befruchtung) macht sich der Pulsschlag neuen Lebens in der Blüte bemerkbar. Als erste Folge beginnen die Blütenblätter zu welken. Befruchtung bedeutet den Todesstoß für alles, was dieser Phase vorausging.«

Es ist nicht ungewöhnlich, daß Menschen, die ihr Kreuz in Form eines selbstlosen Dienstes auf sich nehmen und dabei fröhlichen Herzens auf Gott schauen, sehr bald einige harte Schläge erleiden müssen. Ist das ein Zeichen dafür, daß sie einen schrecklichen Fehler gemacht haben? Ganz im Gegenteil. Es mag sogar der Vorbote des Fruchtbarwerdens sein. Die Auslieferung ihres Ich und ihrer Rechte, die fröhliche Akzeptanz des göttlichen Planes gleicht dem Sichöffnen einer Blume, um die Pollen zu empfangen. Lilias Trotter beschreibt, wie in der Stunde, in der die Blütenarbe die Pollen empfängt (vom Wind dorthin geweht oder von Bienen oder Schmetterlingen befördert), sich eine klebrige oder samtige Oberfläche darauf bildet, die die Pollenkörner festhält. Diese wiederum bleiben mit ihren rauhen Kanten und Ecken daran hängen. Die Pollen sinken in die Tiefe der Blüte hinein und schaffen dort neues Leben. In wenigen Stunden schon regt es sich. Das Protoplasma beschleunigt die Samenbildung, und die erste Folge dieses Prozesses ist der Tod: Die Blütenblätter beginnen zu welken.

Phil und Janet Linton sind meine lieben Freunde. (1978/79 gehörte Phil als Student des Theologischen Seminars zu meinen Untermietern. Eines Tages fand ich ihn und seinen Zimmergenossen Kenny Dodd auf ihren Betten sitzend, in dicken Parkas und Ohrenschützern. Sie behaupteten, daß es im Raum nicht mehr wärmer als zwanzig Grad unter Null würde. Wir führten zwar einen spartanisch einfachen Haushalt, aber so kalt war es bestimmt nicht!) Im Jahr 1986 befanden sich Phil und Janet auf ihrem ersten Heimaturlaub von Nordafrika, wo sie als Missionare arbeiteten. An einem Dienstag, noch drei Wochen, bevor ihr zweites Baby kommen sollte, erklärte der Arzt bei einer Untersuchung noch alles für normal. Am Mittwoch stellte Janet fest, daß ihr Baby sich nicht mehr bewegte. In der Nacht konnte sie nicht schlafen. Phil betete mit ihr und versuchte, sie zu trösten. Schließlich schlief sie erschöpft ein wenig ein. Doch um halb fünf Uhr morgens war sie wieder wach, lag ganz still, lauschte in sich hinein, wartete. Sie war nun sicher, daß das Kind tot war.

Als das Sprechzimmer des Arztes geöffnet wurde, waren die Lintons da. Es war kein Herzschlag des Babys mehr festzustellen. Weitere Tests bestätigten den Tod des Kindes. Ein Kaiserschnitt wurde durchgeführt, und dann legte man Phil das Baby in die Arme – ein wunderschönes Gesichtchen, ein vollkommen ausgebildetes kleines Mädchen mit schwarzem Haar.

»In meinem eigenen Kummer beobachtete ich ihn«, so berichtete Janet später, » und sah, wie er am ganzen Körper zitterte, als er weinend den kleinen Körper an sich drückte. Mir bot sich ein zutiefst bewegendes Bild vom Herzen eines Vaters, von seiner Liebe. Der Arzt fand keine Erklärung für den Tod des Babys. Er vermutete, daß es mit der Nabelschnur zusammenhing, die sich um den Hals des Kindes gelegt und die Blutzufuhr abgeschnitten hatte.«

Phil schreibt: »Ich stand neben Janet im Entbindungszimmer, hielt Lauras Leiche im Arm, küßte ihre Bäckchen und sprach mit ihr, obwohl ich wußte, daß sie gar nicht da war. Ich bat den Heiligen Geist, mir in meiner Schwäche zu helfen.

Später, als ich dann Christopher, unsern Zweijährigen zum Besuch mitbrachte, kam eine nette, kleine, grauhaarige Frau vorbei, eine von den ›Grünen Damen‹. Sie beugte sich zu dem Jungen herunter und fragte: ›Hast du nun einen kleinen Bruder oder eine Schwester bekommen?‹ Ganz ernst antwortete unser Sohn: ›Wir haben das Baby verloren‹. Betroffen schaute sie mich an. Ich nahm

Christopher auf den Arm und rannte förmlich mit ihm zum Aufzug. Die gnädig sich schließenden Türen gaben mir einige Augenblicke Zeit, mein Schluchzen zu unterdrücken und wieder Fassung zu gewinnen... Ich wundere mich, daß mir heute, dreieinhalb Jahre später, noch die Tränen kommen, wenn ich an jene Zeit denke. Obwohl es ein sauberer Schnitt war, eine ›Wunde, die sich nicht entzündet hatte‹, so ging sie doch sehr tief, und es wird vielleicht immer eine empfindliche Stelle bleiben.«

Janet fährt fort: »Phil und Christopher konnten jederzeit bei mir sein. Aber auch wenn wir zusammen waren, wußte Christopher, daß unsere Herzen zerbrochen und tief bekümmert waren. Gläubige Menschen erzeigten uns viel Liebe, aber jeder Schritt, den wir taten, war ungeheuer schmerzlich. Als ich zum Beispiel zusammen mit anderen Müttern, die ihre Babys im Arm hielten, das Krankenhaus verlassen mußte. Dann der Weg ins Bekleidungshaus, um ein kleines Kleidchen zu kaufen, wobei man der Verkäuferin erklären mußte, daß es nicht auf eine besondere Ausführung ankam, weil unser Kind darin begraben werden sollte.

Obwohl ich eine Spritze gegen das Einschießen der Milch bekommen hatte, war der Vorgang nicht zu verhindern. Ich hatte Christopher gestillt und kannte das tiefe Gefühl der Befriedigung dabei. Ich sehnte mich so sehr nach Laura. Ich wußte, daß der Herr Jesus sich im Himmel jetzt um sie kümmerte mit vollkommener Nahrung oder was sie sonst brauchte. Aber ich fühlte auch ganz stark, daß ich mich verzweifelt danach sehnte, selbst für sie zu sorgen. Mein ganzes Herz und mein Körper verlangten danach.

Wo war Gottes Liebe in all dem Kummer? Ich konnte nichts von ihr spüren. Ich war nahezu starr vor Schmerz. Ich glaube, ich habe dir geschrieben, daß meine Gefühle einem Schiff glichen, das in stürmischer See hin- und hergeworfen wird. Ich konnte die Wahrheit, daß Gott mich liebte, zu dieser Zeit gefühlsmäßig nicht nachvollziehen. Ich hatte nur den Eindruck, daß Gott mir einen grausamen Schlag mit der Peitsche versetzt hatte. Doch unter all diesen stürmischen Emotionen lag eine Wahrheit verborgen. Jahrzehnte des Lebens, in denen ich ihn kennengelernt hatte, hatten ein starkes Fundament gelegt, das mir nach und nach unterschwellig wieder

Boden unter den Füßen gab. Ich wußte in meinem Geist und in meinem Herzen, daß Jesus uns ein für allemal gezeigt hatte, wer er war und welche Liebe er für uns empfand, als er nämlich am Kreuz starb. Das reichte tiefer als mein Kummer. Das war eine Tatsache. Das war Geschichte. Nichts, keine Umstände, und mögen sie noch so hart und schmerzlich sein, können das ändern. Er hat uns ein für allemal sein Wesen gezeigt. Unsere Lebensumstände sind nicht das Fenster, durch das wir seine Liebe erkennen und verstehen, sondern wir müssen unsere Lebensbedingungen durch seine Liebe sehen.

Die Wahrheit fand noch einen zweiten Weg zu meinem Geist und meinem Herzen. Gott hatte mich mit einem irdischen Vater gesegnet, der mich liebte und von dem ich wußte, daß er mir niemals ohne einen Grund einen anscheinend grausamen Schlag versetzt hätte.«

Ich hätte Phil und Janet gern etwas Tröstliches geschrieben. Aber den Verlust eines Kindes hatte Gott mich nie erleben lassen. Ich wandte mich an Samuel Rutherford, den schottischen Pfarrer aus dem siebzehnten Jahrhundert, der diese Last getragen hatte:

»Gnade reißt die Gefühle und die Liebe einer Mutter nicht aus, sondern bindet sie an das Steuer dessen, der alle Dinge neu macht, so daß sie veredelt werden können. Der Kummer um ein totes Kind ist dir erlaubt, wenn auch mit Maß und Gewicht. Die Erlösten des Herrn haben nicht die Vollmacht oder die Herrschaft im Hinblick auf ihren Kummer und andere Gefühle, um die Gaben Christi nach ihrem Belieben in verschwenderischer Fülle darüber auszugießen. Er gebot uns, zu weinen. Und er selbst nahm ein menschliches Herz mit sich in den Himmel, das ihn zum mitleidigen Hohenpriester gemacht hatte. Der Kelch, den du trinken mußt, befand sich auch am Munde Jesu, und er trank daraus.

Du mußt es nicht für einen bösen Handel für deine geliebte Tochter halten, daß sie sterben mußte. Sie hat Gold für Kupfer und Messing bekommen und Ewigkeit für Zeit. Die Hauptschwierigkeit besteht wohl darin, daß sie zu früh, zu jung sterben mußte, am Morgen ihres Lebens. Doch die Souveränität Gottes möge deine Gedanken zur Ruhe bringen. Ich habe das gleiche erlebt: Ich hatte nur zwei Kinder, und beide starben, seit ich hierhergekommen bin. Der höchste und alleinige Herr aller Dinge gibt uns keine Rechenschaft über das, was er tut. Der gute Hausvater mag seine Rosen und Lilien im Hochsommer schneiden, aber ich wage es zu sagen: er darf es auch Anfang der ersten Sommermonate tun. Und er mag junge Bäume zu jeder Jahreszeit aus tiefer gelegenen Böden an höhere Stellen umpflanzen, wo sie vielleicht mehr Sonne und mehr frische Luft haben. Alle Dinge sind sein. Der Herr über Leben und Zeit und Sturm und Wind hat eine »gnädige« Verletzung der »Naturgesetze« veranlaßt (wenn ich den Ausdruck verwenden darf), indem er den irdischen Gast so früh ans Ziel brachte.«

Die eindrücklichsten Lektionen erhalten wir im »tiefsten Wasser« und im »heißesten Feuer«. Eine der größten Gaben Gottes – Elternschaft – schließt immer auch die Gabe des Leidens mit ein. Wir müssen demütig werden, und unser Glaube muß sich bewähren wie Gold im Feuer.

Und wieder werden uns keine Erklärungen gegeben, aber die Herzen, die dafür offen sind, empfangen eine noch kostbarere Offenbarung im Hinblick auf das Herz unseres liebenden Herrn.

»Denn der Herr verstößt nicht ewig, sondern er betrübt wohl und erbarmt sich wieder nach seiner großen Güte. Denn nicht von Herzen plagt und betrübt er die Menschen.« (Klag. 3, 31-33)

Kummer öffnet das Verständnis dafür. Der Psalmist sagt: »Es ist gut für mich, daß du mich gedemütigt hast, damit ich deine Gebote lerne... Herr, ich weiß, daß deine Urteile gerecht sind; in deiner Treue hast du mich gedemütigt.« (Ps 119, 71.75)

Verzweifelte Situationen bereiten den Weg für die Erkenntnis Christi, wie es z. B. war, als

- der Wein bei einem Fest ausging,
- ein Mann achtunddreißig Jahre hilflos lag,
- ein gewalttätiger Wahnsinniger nicht gebändigt werden konnte,
- die Jünger die ganze Nacht erfolglos fischten,
- ein Mensch blind geboren war,
- eine große Menschenmenge nichts zu essen hatte,
- ein Sturm aufkam und die Jünger in Gefahr brachte,
- zwei Schwestern verzweifelt waren, weil ihr Bruder starb,
- der einzige Sohn einer Witwe starb.

In jede dieser Situationen kam Jesus hinein, mit seiner Liebe, seinem Heilen, seinem Frieden. Er kommt immer noch zu denen, die ihn bitten. Er ist immer noch der *El Schaddai,* der Gott, in dem allein wir Genüge haben.

Und so haben auch Janet und Phil ihn erlebt. Janets Brief geht weiter:

»Wie haben wir uns geistlich entwickelt, seit Gott Lauras Tod erlaubte? Wir haben auf jeden Fall das Prinzip von 2. Korinther 1, 3.4 erfahren, daß wir andere mit dem Trost trösten konnten, den der Herr uns gewährt hatte. Auch Römer 8, 38 hat sich bestätigt: nichts kann uns trennen von der Liebe Gottes. Und dann war da noch etwas: Irgendwie fühlte ich, daß Gott mir ein geistliches Wachstum ermöglichen wollte. Ich erkannte, daß er soviel größer war, als ich gedacht hatte, und daß seine Wahrheit jedem Test standhielt. Gott war, wie Lewis es ausdrückt, durchaus kein »zahmer Löwe«. Ich lernte, ihm immer mehr zu vertrauen, ihn mehr zu fürchten und mehr zu lieben. Außerdem haben wir nun einen Schatz im Himmel. Seitdem hat uns der Herr noch zwei kleine Mädchen geschenkt.«

Die Stelle, an der wir ihm heute begegnen müssen, ist das Kreuz, wo der Herr des Universums endgültig den Tod besiegte. Das ist kein unbegründeter und dummer Optimismus, von dem wir da reden. Es ist auch kein falscher Mystizismus, sondern ein demütiges Beugen in Reue und Glauben am Fuß dieses Kreuzes. Wir müssen mit ihm gekreuzigt werden. Das ist der Beginn eines neuen

Lebens – die Totenglocke und das Freudengeläute anläßlich einer Geburt ertönen zu gleicher Zeit.

Die Auferstehung ist geschehen. Wir glauben es. Wir gründen all unsere Hoffnungen darauf. Jesus ist lebendig. Und trotzdem... und trotzdem sind wir traurig. Menschliche Tränen und die reine Freude an der Gegenwart Christi sind nicht unvereinbar. Auch er weinte menschliche Tränen. Und Trauern ist auch keine Sünde, vorausgesetzt, daß wir nicht in ihr versinken und dem Selbstmitleid Raum geben. Es ist dem Menschen immer noch bestimmt, einmal zu sterben. Und die Zurückbleibenden dürfen trauern – aber nicht wie die, die keine Hoffnung haben. Die Auferstehung ist eine Tatsache. Ohne sie bräuchten wir Ostern nicht zu feiern und gäbe es keine Basis für den christlichen Glauben. Deshalb ist keine Situation so hoffnungslos, kein Horizont so dunkel, daß Gott darin nicht verherrlicht werden könnte.

»Mit allen Kronen krönt,
den, der die Liebe ist,
der für uns gibt sein Leben hin
und uns mit Gott versöhnt.
Preist des Erlösers Tun,
das uns von Sünde heilt,
uns läßt in seinem Frieden ruhn,
die Kindschaft mit uns teilt.«

Kapitel 18

Vollkommen angepaßt

»Da ist nichts Willkürliches bei den verschiedenen Formen der Samenkapseln festzustellen... Der feine, sandkornartige Same des Löwenmäulchens braucht einen Behälter, der ihn aufbewahrt. Und es ist solch ein hübscher – er wirkt beinahe wie ein Vögelchen oder ein Mäuschen, das auf einem Zweig sitzt. Doch gleichzeitig ist er auch ein vollkommen passendes Schatzkästchen für diese feinen Körnchen.«

Meine Freundin Judy Squier aus Portola Valley in Kalifornien ist eine der fröhlichsten und strahlendsten Frauen, die ich kenne. Ich begegnete ihr zum ersten Mal in einer Gebetsversammlung zu Beginn einer Konferenz. Sie saß in einem Rollstuhl, und irgendwie fielen mir ihre Beine auf. Später am selben Tag sah ich sie ganz und gar ohne Beine. Abends ging sie mit einem Stock herum. Natürlich mußte ich ihr ein paar Fragen stellen. Ihre Antworten kamen wohlwollend und mit offenem Humor. Sie war ohne Beine geboren. Zwar besaß sie Prothesen, die sie manchmal benutzte, doch die ermüdeten sie sehr. Lachend erzählte sie, daß sie diese deshalb oft weglasse.

Als ich von einem kleinen Jungen namens Brandon Scott hörte, der ohne Arme und Beine geboren war, fragte ich Judy, ob sie wohl seinen Eltern einmal schreiben würde. Sie tat es. Sie sagte ihnen, daß dieses Schicksal für sie selbst mindestens hundertmal schwerer sei als für Brandon. »Ein Geburtsfehler beraubt durch Gottes Gnade eine Kindheit nicht ihres Wunders. Und ein solches Kind ist auch nicht durch hohe Erwartungen belastet.«

Judy beschrieb ihr eigenes Leben nicht als minderwertig oder auch nur als durchschnittlich oder gewöhnlich. Sie sieht sogar etwas Außergewöhnliches darin. Sie ist fest davon überzeugt, daß ein liebender himmlischer Vater das schöpferische Wunder im inneren Heiligtum eines jeden Mutterleibes überwacht (Ps 139) und daß es unter dieser Souveränität keine Unfälle gibt.

Sehen wir uns doch einmal die unterschiedlichen Wege an, auf denen jeder von uns zum Leiden berufen ist. Der Meisterdesigner formt die Gefäße, die den Samen des göttlichen Lebens tragen sollen. Jeder Entwurf steht in direktem Zusammenhang zu der Funktion, die er haben soll. Er schenkt jedem etwas Einzigartiges, das er opfern soll, etwas, das nur dieser Mensch allein in der Lage ist, ihm zurückzugeben.

Der Eine, der die vollkommenen Samenkapseln je nach der Form des Samens, die sie tragen sollten, gestaltete, der formte auch Judy. Und Judy hat eine besondere Botschaft weiterzugeben, ein Zeugnis, das den Argumenten für die Abtreibung und für die sogenannte »Lebensqualität« einen schweren Schlag versetzt. Sie fährt fort:

»Was wir als tragisch ansehen – als das Schlimmste, was passieren kann – das werden wir vielleicht eines Tages in Ehrfurcht als Grund für die Schönheit und Einzigartigkeit unseres Lebens und unserer Familie ansehen. Ich denke, daß deshalb Jak 1, 2 zu meinen Lieblingsversen gehört. Die Übersetzung nach Phillips sagt es so: ›Wenn alle Arten von Prüfungen und Versuchungen euer Leben bedrängen, meine Brüder, dann haltet sie nicht ärgerlich für Eindringlinge, sondern heißt sie als Freunde willkommen. Denkt daran, daß sie dasind, um euren Glauben zu testen und um Geduld wachsen zu lassen.‹«

Judy ist Mutter von drei hübschen kleinen Mädchen, die nach Judys Worten »ständig rein und raus rennen«. So konnte sie beim Schreiben nicht allzu lange nachdenken. »Aber ich gebe dir einen Einblick in ein sehr reales, irdisches Leben, was mir nahe liegt, da ich auch eine sehr irdische Person bin.

Daß meine Angehörigen Christen waren, bewahrte sie nicht vor Schmerz und Tränen, als sie meine angeborene Schädigung sahen. Tatsächlich war ich noch vor zehn Jahren perplex, als David und ich unsere Eltern für eine Geschenk-Kassette interviewten und ich dabei von den wahren Gefühlen meiner Mutter erfuhr. Ich bat sie, zu erzählen, was das Schwerste in ihrem Leben gewesen sei. Ihre Antwort lautete: ›Der Tag, an dem Judy Ann geboren wurde... und das ist es immer noch. Und doch, wenn wir als Familie über die Jahre zurückschauen, schweigen alle Überlegungen angesichts des Wunders von Gottes Tun.‹

Zu heiraten und Mutter zu werden waren Träume, die ich nie zuzulassen wagte. Aber Gott, der alle Wunder schafft, bestimmte, daß mein Leben mit einem unwahrscheinlichen Gatten und drei Töchtern gesegnet sein sollte.«

Am Schluß des Briefes sagt Judy der Familie Scott noch, daß sie in ganz besonderer Weise auserwählt seien, um die Einzigartigkeit des Meisterwerks Gottes zu entfalten. »Ich bete darum, daß eure Wurzeln in die Zuverlässigkeit des liebenden Planes Gottes tief hineinwachsen. Daß ihr eure Unzulänglichkeiten gegen die Möglichkeiten der Auferstehungskräfte Jesu austauscht, und daß es euch Ehrfurcht einflößt, wenn ihr erlebt, wie die Früchte des Geistes in eurer Familie sichtbar werden. ›Was die Raupe als den Weltuntergang betrachtet, nennt der Schöpfer einen Schmetterling.‹«

So rüstet Gott jeden entsprechend seiner Berufung in Präzisionsarbeit für den Platz aus, den wir nach seinem Willen einnehmen sollen. Der Apostel Paulus benutzt die Metapher eines Bauwerks, »...da Jesus Christus der Eckstein ist, auf welchem der ganze Bau ineinandergefügt wächst zu einem heiligen Tempel in dem Herrn. Durch ihn werdet auch ihr miterbaut zu einer Wohnung Gottes im Geist.« (Eph 2, 20-22)

Ob Judy Squier besser auf ihren Platz gepaßt hätte, wenn sie Beine und zwei gesunde Hände (eine ist bei ihr deformiert) gehabt hätte wie wir anderen? Würde sie diese besonderen Früchte des Geheiligtseins hervorgebracht haben, die die göttliche Weisheit ihr zugeordnet hatte? Ihr Leben, das – wie wir es nennen würden – durch radikale Beschränkungen geprägt ist, ist in einer Weise in das Bild ihres Herrn gestaltet worden, wie es ohne diese Einengungen gar nicht möglich gewesen wäre. So kann man Ausdrucksformen dieser Entwicklung an ihr sehen, die sonst keiner für sich in Anspruch nehmen kann. Die Bibel sagt, daß die Kraft Gottes in unserer Schwäche erst voll zur Auswirkung kommt. Diese Wahrheit wird an Judy sichtbar. Sie lebt ihr Leben in und mit Ihm, der aus seiner eigenen Demut und Armut heraus seine messianische Größe zeigte. Er entäußerte sich selbst und wurde deshalb hoch erhöht.

An dieser Stelle mögen ernsthafte Mißverständnisse auftreten. Fehlende Beine machen keinen Heiligen aus einem Menschen. Äußere Dinge bewirken keine Nähe zu Gott. Im Gegensatz zu den kleinen Samenkapseln sind wir Menschen in der Lage, auf den Willen Gottes zu reagieren – negativ oder positiv. Der Körper, in dem ich lebe, die Gene, die in hundert Trillionen von Zellkernen stecken, das Jahr und der Ort meiner Geburt sind Faktoren, auf die ich keinen Einfluß habe. Aber das Akzeptieren meiner mir von Gott gegebenen Lebensbedingungen ist meine Sache. Will ich ihm darin vertrauen? Will ich gehorchen? Will ich dankbar sein und das Lob Gottes zum »ständigen Pulsschlag« meiner Seele werden lassen?

»Ich könnte niemals dankbar sein, wenn ich ohne Beine geboren wäre«, mag mancher sagen. War Judy vielleicht mit einer besonderen Gabe der Dankbarkeit geboren? Das glaube ich kaum. Sie machte es wie der Psalmist, der Gott zu allen Zeiten anbeten und ehren wollte. Sein Lob sollte immerdar in seinem Munde sein. Judy und Joni Eareckson Tada und mein Vater (der ein Auge verlor) und viele andere, die sieghaft mit mancherlei Behinderungen leben, reagieren einfach mit Vertrauen Gott gegenüber. Sie empfangen zu den schlimmen Mängeln, mit denen sie sich herumschlagen, die hinreichende Gnade, die er anbietet. Diese Gnade ermöglicht es ihnen, die Anfechtung als Freund »willkommen zu heißen«, wie es in Judys Lieblingsvers heißt.

Keinerlei äußere Umstände können Heilige aus uns machen, aber sie können auch nicht verhindern, daß es unabhängig von ihnen Heilige gibt. Franz von Sales sagt es einmal so:

> »Es gibt unterschiedliche Formen der Anbetung und Hingabe für den vornehmen Herrn und den Handwerker, für den Fürsten und den Diener, für die Ehefrau, die

Alleinstehende und die Witwe. Und weiter muß die Praxis der Frömmigkeit den Begabungen, den Verbindlichkeiten und den Pflichten eines jeden einzelnen angepaßt werden. Es geht z. B. nicht, daß der Bischof als Einsiedler oder ein Familienvater – wie die Bettelmönche – ohne eigenes Geld leben will. Eine solche Frömmigkeit hätte keinen Bestand und wäre im Grunde lächerlich...

Es ist nicht nur ein Irrtum, sondern eine Ketzerei, anzunehmen, daß ein gottwohlgefälliges Leben sich notwendigerweise nur außerhalb der Kasernen oder des Büroraumes einer Firma oder des Fürstenhofes oder des häuslichen Herdes abspielen kann...

Lot blieb keusch, während er noch in Sodom war, und fiel in Sünde, als er es verlassen hatte. Wo wir uns auch immer befinden mögen, wir können und sollten uns nach einem Leben vollkommener Hingabe ausstrecken.« (Übers. a. d. Engl.).

Die Samenkapseln sind nicht willkürlich, sondern sinnvoll geformt. Und es herrscht auch keine Willkür in der Gestaltung unserer Lebensumstände. Sie sind ihrem Inhalt und dessen Zielsetzung vollkommen angepaßte »Schatzkästchen.«

Kapitel 19

Ja zum neuen Leben

»Werfen wir einen Blick zurück auf die Samenkapseln der Wicke. Wie kommt es, daß die Blätter, die gewöhnlich so frisch und fest dastehen wie die des blühenden Klees, anfangen zu verschrumpeln und gelb zu werden? Sie setzen um der Neugeburt willen dem Prozeß des Sterbens nicht mehr den geringsten Widerstand entgegen. Das neue Leben darf sich auf Kosten des alten entfalten.«

Nach Jims Tod erhielt ich im Dschungel eine Menge Post. In vielen Briefen waren Bibelstellen zitiert. Ich war dankbar für jede einzelne, aber der Vers, der für mich mehr als alle anderen »Wasser aus dem Brunnen Bethlehems« bedeutete, war dieser:
»Denn unsere Trübsal, die zeitlich und leicht ist, schafft eine ewige und über alle Maßen gewichtige Herrlichkeit, uns, die wir nicht sehen auf das Sichtbare, sondern auf das Unsichtbare. Denn was sichtbar ist, das ist zeitlich; was aber unsichtbar ist, das ist ewig.« (2. Kor 4, 17.18)
Diese Worte setzten mir die Maßstäbe: Kleine Schwierigkeiten contra große. War die Witwenschaft ein großes Problem? Sie war es wirklich, wenn diese Welt die einzige Ebene ist, die man in Betracht zieht. Ich denke, daß sie die Nummer eins auf der Liste für Streßursachen ist.
Sichtbares gegen Unsichtbares. Wenn ich mich auf meinen Verlust und all die sehr gegenwärtigen Beweise von Jims Fehlen konzentrierte, dann geriet die »ewige und über alle Maßen wichtige Herrlichkeit« vollständig aus dem Blickfeld. Ich mußte mich aufs Unsichtbare konzentrieren, wenn ich einen Wandel herbeiführen

wollte. Dort war nun mein Schatz, und auch mein Herz war dort in einer Weise, wie ich es früher nie erlebt hatte.

Und wie war es mit dem Vergänglichen gegenüber dem Unvergänglichen? »All der Kummer dauert nur einen Augenblick.« Es schien ein sehr langer »Augenblick« zu sein. Doch ich wußte, daß das eines Tages keine Bedeutung mehr haben würde. Es ging um die Ewigkeit. Es gab wirklich eine neue Chance, sich für Freude und Frieden zu entscheiden. Sie fielen mir nicht einfach so zu, weil ich Glück hatte oder ein sanguinisches Temperament (ich habe in Wirklichkeit eine melancholische Veranlagung). Inneres Glück und Frieden wurden mir vielmehr in dem gleichen Maß geschenkt, in dem ich mich entschied, meinen Kummer im Licht des Unvergänglichen und Unsichtbaren zu betrachten.

Die Blätter der Wicke schrumpfen zusammen, weil sie dem Prozeß des Sterbens um des neuen Lebens willen keinen Widerstand entgegensetzen. Alles Vorhergehende muß aufhören. Alles wird neu.

»Wie sollten wir in der Sünde leben, der wir doch gestorben sind? Oder wißt ihr nicht, daß alle, die wir auf Christus getauft sind, die sind in seinen Tod getauft? So sind wir ja mit ihm begraben durch die Taufe in den Tod, damit, wie Christus auferweckt ist von den Toten durch die Herrlichkeit des Vaters, auch wir in einem neuen Leben wandeln. Denn wenn wir mit ihm verbunden und ihm gleichgeworden sind in seinem Tod, so werden wir ihm auch in der Auferstehung gleich sein.« (Röm 6, 2-5)

Auferstehen, um auf einer neuen Ebene zu leben? Das neue Leben mit ihm zusammen leben?

»Aber wir müssen in dieser realen Welt leben! Wir brauchen etwas Praktisches!« könnte jemand einwenden.

Nichts ist realistischer und praktischer als das Wort Gottes. Diese sichtbare Welt ist nicht realer als die andere, geistige Welt. Und sie wird auf keinen Fall auch nur annähernd so lange existieren. Hinter dem Einwand steckt die Sorge, daß Gott, der doch beide Welten schuf, vergessen hat, daß wir im hier und heute stecken. Doch das vergißt er niemals. Er weiß, wann wir uns niedersetzen und wann wir aufstehen. Er versteht unsere Gedanken, ehe sie uns kommen. Er verfolgt all unsere Wege, umgibt uns von allen Seiten, hält seine

Hand über uns ausgebreitet, kennt uns durch und durch. Es ist kein Wort auf unseren Lippen, das ihm nicht bekannt wäre. Er vergißt nichts (außer den Sünden, die wir bekannt haben). Eben weil er so gut weiß, was es heißt, im Hier und Jetzt zu leben, und weil er alle verborgenen Winkel unseres Herzens kennt und die Einsamkeit selbst erfahren hat, deshalb zeigt er uns den Weg *durch* das Leiden, den einzigen Weg, der zur Herrlichkeit führt. Das Gefühl unserer Schwäche ist ihm nicht fremd, und deshalb weiß er, wie er uns trösten kann. Die neue Ebene, das neue Leben ist bestimmt, hier und jetzt gelebt zu werden.

Wieviel hängt dabei von unseren Entscheidungen ab und wieviel vom Werk des Heiligen Geistes? Danach brauchen wir nicht zu fragen. Beides ist erforderlich, aber intellektuell schwer in Einklang zu bringen. Ich weiß nur: je mehr ich das ernst nehme, was er mir sagt, und beschließe, mich seiner Gnade zu öffnen, desto mehr entdecke ich die eminent praktische Seite seines Wortes. Er stellt uns die gleiche Kraft zur Verfügung, die auch unseren Herrn Jesus von den Toten auferweckte. Wenn wir uns nach seinem Frieden sehnen und ihm auch im geringsten gehorchen, dann gibt er ihn uns.

»... wenn ihr aber durch den Geist die Taten des Fleisches tötet, so werdet ihr leben.« (Röm 8, 13) Da steht es in einem einzigen Vers: *ihr* durch den *Geist*. Das heißt: das Werk des Heiligen Geistes und mein Wille in Zusammenarbeit. Die Gnade beeinflußt das natürliche Sein.

Ganze Bibliotheken voller Bücher sind zum Thema »Das neue Auferstehungsleben« geschrieben worden. Dieses hier hat das Leiden als Schwerpunkt. Wie sollen wir es schaffen, uns auf diese neue Ebene überhaupt zu erheben, wenn wir gerade erst verwitwet oder krank, oder gelähmt, oder mißbraucht, oder verlassen sind? Welchen Unterschied bedeutet es an der Stelle, daß wir »mit ihm begraben (sind) durch die Taufe in den Tod«? An diesem Punkt liegt die Trennungslinie zwischen dem alten und dem neuen Leben. Dort begann unser Leben als Christ. Der Unterschied – ein sehr großer – wird sichtbar an dem Bild von den Blättern der Wicke: es gab keinerlei Widerstand gegen den Prozeß des Sterbens, der durch das neue Leben eingeleitet wurde.

Von alldem hatte ich keine Ahnung, als ich im Alter von zehn Jahren wünschte, die Wiedergeburt zu erleben. Es ging alles sehr einfach zu. Ich nahm Gott bei seinem Wort, bat ihn, in mein Leben zu kommen und empfing die Kraft, sein Kind zu werden.

Ich sang Lieder wie dieses:
»Am Kreuz, am Kreuz
sah ich zuerst das Licht.
Die Last meines Herzens fiel ab.
Im Glauben gingen die Augen mir auf,
bin nun glücklich Tag für Tag.«

Ich kann nicht behaupten, daß ich von einem Tag auf den anderen glücklich geworden wäre. Aber der Geist Gottes begann mir zu zeigen, daß meiner einmaligen Entscheidung immer neue kleine Entscheidungen folgen mußten. Ich hatte dann jeweils zu wählen, ob ich mich nach dem Willen Gottes verhalten wollte oder nach meinem. Ich konnte die »Erlösung« nicht nur als Freifahrtschein zum Himmel akzeptieren, sondern mußte gleichzeitig damit seinen Willen (der oft genug meinem entgegenstand), als seine souveräne Herrschaft über mein Leben anerkennen. Mehr als ein halbes Jahrhundert später lerne ich immer noch am Beispiel der Wickenblätter die Unterordnung unter den Kreislauf von Leben und Tod. Ich hab' es noch nicht geschafft, dieses »mache zuerst mir etwas Gebackenes davon«, wenn ich nichts mehr in Händen habe (1. Kön 17, 13). In gewisser Weise wird es immer schwerer.

Doch wir können die tiefe Freude an seiner Liebe nicht erfahren, bis wir alles, was wir sind und haben, auf seinen Altar legen. Seine Gnade und seine Freude schenkt er denen, die ihm vertrauen und gehorchen. (J. H. Sammis)

25. Oktober 1972, Hamilton/Massachusetts. Es war ein voller Tag gewesen. Ich schrieb in mein Tagebuch, daß ich endlich ein Apartment für meine alternde Mutter gefunden hatte. Außerdem hatte ich eine Freundin besucht, deren einziger Sohn ermordet worden war. Ich hatte mit Jill gesprochen, deren dreijähriger Junge einer ernsten

Herzerkrankung ausgesetzt war, und ich hatte meinen Gatten wegen einer Entzündung, die nicht heilen wollte, ins Krankenhaus gebracht. Auf einem Stück Papier (vielleicht war es im Wartezimmer des Krankenhauses) hatte ich niedergeschrieben:

Wie man mit Leiden aller Art umgehen muß:
1. erkenne es
2. akzeptiere es
3. bringe es zu Gott als eine Opfergabe
4. lege dich selbst zusammen mit dem Leid auf den Altar.

Die Diagnose lautete: Krebs. Es wurde ein Termin für die Operation festgesetzt. In der nächsten Nacht zu Hause ergab sich eine Darmblutung. In meinem Tagebuch stand: »Angst, Ärger, Sorgen – alles sehr real für uns beide, alles läßt nur die Möglichkeit übrig, zu Christus zu kommen.« Hier hatte ich jetzt die Gelegenheit, »ganz und gar in das Todesurteil, das das neue Leben begleitet, einzuwilligen«, bis zum Äußersten die Bedeutung des Kreuzes zu akzeptieren.

Der Anlaß für die Angst, den Ärger und die Sorgen stellte mich erneut vor ein Dilemma und vor eine Wahl. Es war eine »Crux« (das lateinische Wort für Kreuz), eine »harte Nuß«, zuzustimmen, daß nicht ich, sondern Christus in mir lebte. Aber davon hing mein harmonisches Gottesverhältnis ab. Es ist ja nicht mein Leben. Ich gehöre nicht mir selbst, ich bin mit einem teuren Preis erkauft. Darum gehöre ich Gott, und was mit mir geschieht, ist seine Sache. Das alte Leben – meines – ist vorbei. Es ist gekreuzigt. Tot. Das neue Leben – das tägliche »Ja, Herr« – existiert auf Kosten des alten. Beide können nicht zusammen blühen. Entweder geht es um das eine oder um das andere. Es ist das »Nein« zum Ich, das »Ja« zum Herrn.

P. T. Forsyth schreibt: »Nur unser Wille gehört uns wirklich zu eigen. Er ist von den Dingen, die wir lieben, das einzige, das wir wirklich opfern können und sollen.« (»The Cruciality of the Cross«)

Muß ich durch tiefe Wasser gehen? Wird Er auch da sein? Es geht um das »Ja« zu den tiefen Wassern:

»Du warfst mich in die Tiefe, mitten ins Meer,
daß die Fluten mich umgaben.
Alle deine Wogen und Wellen gingen über mich,
daß ich dachte, ich wäre von deinen Augen verstoßen,
ich würde deinen heiligen Tempel nicht mehr sehen.
Wasser umgaben mich und gingen mir ans Leben,
die Tiefe umringte mich, Schilf bedeckte mein Haupt.
Ich sank hinunter zu der Berge Gründen,
der Erde Riegel schlossen sich hinter mir ewiglich.
Aber du hast mein Leben aus dem Verderben geführt,
Herr, mein Gott!« (Joh 2, 4-7)

Und wie heißt es vom Schmelzofen? »Siehe, ich habe dich geläutert, aber nicht wie Silber, sondern ich habe dich geprüft im Glutofen des Elends. Um meinetwillen, ja, um meinetwillen will ich's tun, daß ich nicht gelästert werde; denn ich will meine Ehre keinem andern lassen.« (Jes 48, 10-11) Das heißt: »ja« zum Feuer, zu dem Prozeß, der unumgänglich ist für unsere Reinigung. Wir haben »ja« gesagt zum Ausbrennen aller Unreinlichkeiten. Der Apostel Petrus bezeichnet das als nichts Ungewöhnliches – jeder muß damit rechnen. Doch das Feuer des Leidens bleibt ein Feuer. Die Apostel leugneten diese Wirklichkeit keinen Augenblick. Sie schrieben oft davon und wiesen wiederholt auf jene andere Ebene hin, auf der die Dinge gesehen werden sollten: »Denn ich bin überzeugt, daß dieser Zeit Leiden nicht ins Gewicht fallen gegenüber der Herrlichkeit, die an uns offenbart werden soll... Wenn wir aber auf das hoffen, was wir nicht sehen, so warten wir darauf in Geduld.« (Röm 8, 18.25)

Kapitel 20

Leidende Liebe

»Die große nordafrikanische Aloe-Pflanze gleicht unserer einjährigen, nur ist ihr Maßstab ein größerer. Ein einziges Mal in ihrem Leben blüht sie und trägt Samen, dabei zählt dieses Leben mehr Jahre, als die Blütezeit Wochen hat. Bis dahin sehen ihre dicken, harten Blätter aus, als ob nichts ihre Kraft erschöpfen könnte. Der Blütenstengel schießt aus einem frischen Blätterbüschel heraus – vier bis fünf Meter hoch – und entfaltet sich zu einem Kandelaber voller goldener Blüten. Nichts davon hängt schlaff herunter auf die Pflanze.

Doch wenn sich der Same bildet, sieht man, wie der Tod herbeikommt – langsam, aber sicher. Die schwertförmigen Blätter verlieren ihre Steife und ihre Farbe... sie sind zu welken, graubraunen »Papierschlangen« geworden.«

Eine werdende Großmutter schrieb mir von ihrer sehnsüchtigen Liebe für das ungeborene Enkelkind. Doch ihre Liebe ist von Schmerz durchbohrt, weil ihre Schwiegertochter, die künftige Mutter, mit ihr nichts zu tun haben will. Ihr ist zum Sterben zumute wegen dieser Sache. Wird man ihr nicht erlauben, das Kind zu sehen, sich mit ihrem Sohn und der Schwiegertochter daran zu freuen? Wird man ihr das Glück verweigern, das Baby im Arm zu halten?

Ich kenne eine Großmutter, die genau diesen Schmerz über lange Zeit hinweg ertragen mußte. Ich fragte sie, ob sie für mich diesen Brief beantworten würde. Was sie schrieb, paßt so genau auf viele verschiedene Arten von Leid, daß ich sie um Erlaubnis bat, diesen Brief hier veröffentlichen zu dürfen:

»Ich möchte einige der Prinzipien deutlich machen, die mich vor dem ›Untergehen‹ bewahrten. Niemand sollte denken, daß sie leicht zu verwirklichen wären oder daß ich einen einfachen Weg beschreiben könnte. Die Schritte, die man tun muß, sind quälend schmerzlich, und in vieler Hinsicht bedeuten sie eine Identifizierung mit den Leiden Christi und der Ablehnung, die er erfuhr. Ich denke, Kol 1, 24 (»Nun freue ich mich in den Leiden, die ich für euch leide, und erstatte an meinem Fleisch, was an den Leiden Christi noch fehlt, für seinen Leib, das ist die Gemeinde«) ist eine der stärksten Aussagen im Hinblick auf diese Art Leiden.

Gott ist überaus interessiert daran, das Wesen Christi in uns auszuprägen. Wir können davon ausgehen, daß er das auch in Ihnen und Ihrer Schwiegertochter tun will. Also:

1. Danken Sie ihm immer und immer und immer wieder für das, was er durch diese Erfahrung bewirken will.

2. Singen Sie von seiner Gnade und Größe. Der Feind möchte gern Ihre Familie auseinanderreißen und Ihre Freude und alles, was sie bisher investiert und für die Zukunft gehofft haben, kaputtmachen. 2. Chronik 20, 1-30 berichtet uns eine wunderbare Geschichte. Das Reich Juda war nahe daran, zerstört zu werden. Lesen Sie die Stelle sorgfältig:

   a. Sie fürchteten sich (V.3)

   b. Sie suchten den Herrn (V.3)

   c. Sie brauchten nicht selbst zu kämpfen (V.17)

   d. Sie sollten sich nicht fürchten oder verzagen (das verlangte ihre Entscheidung) (V.17)

   e. Sänger wurden bestimmt, die vor den Soldaten einhergehen sollten, die also in der gefährlichsten Position waren (V. 21)

f. Sie sollten von der Gnade Gottes singen. Warum Loblieder? Weil sie auch nicht besser waren als ihre Feinde und sagen mußten: »Wir verdienen nicht zu leben, aber wir sind Kinder des Allerhöchsten. Wir sind völlig abhängig von seiner Gnade und Liebe« (V. 21).

g. Als sie sangen, schickte der Herr einen Hinterhalt. Es kam zum Sieg (V. 22). Singen Sie, wenn Sie beim Staubsaugen sind, wenn Sie kochen, spazierengehen, Auto fahren, zu schlafen versuchen, duschen. Beschließen Sie, zu singen. Erklären Sie der himmlischen Welt, daß Ihr Gott befreien kann. Satan wird das fürchten. Seine Untertanen werden das fürchten.

3. Konzentrieren Sie sich darauf, wie Sie auf Ihre Schwiegertochter reagieren und nicht auf deren Handeln. Im Augenblick sind Sie noch an sie gebunden. Sie können von dieser Bindung frei werden. Vielleicht müssen Sie sogar zuerst frei werden, bevor sie es werden kann. Wenn sie sich also negativ Ihnen gegenüber verhält, oder Sie ihre intensive Abneigung spüren läßt, wäre Ihre natürliche Reaktion Angst, Verletztsein, Verzagtheit, Traurigkeit, Ärger oder der Wunsch, sie wäre tot. Nun machen Sie es so:

4. Nehmen Sie diese Reaktion und gehen Sie zu unserem Vater und sagen:

a. Vater, ich bekenne dir mein Verletztsein (oder was Sie auch immer gerade empfinden) als Sünde. (Lassen Sie das nicht unter den Tisch fallen und weichen Sie Ihrer eigenen Tendenz nicht aus. Fallen Sie nicht in die Versuchung, diese Gefühle irgendwie anders als mit Sünde zu bezeichnen. Wir haben ja ein Gegengift für die Sünde.)

b. Ich bereue meine Sünde.

c. Bitte vergib mir.

d. Bitte vergib ihr.

e. Ich empfange deine Vergebung aufgrund deines Wortes.

Die beiden ersten Punkte sind ungeheuer wichtig. Sprechen Sie wenn möglich laut, und wiederholen Sie es als Erinnerung, falls Ihnen irgend etwas erneut hochkommt. Dann:

5. Akzeptieren Sie seine Vergebung.

6. Stellen Sie eine Liste der Kümmernisse auf und beten dies einfache Gebet im Hinblick auf jedes einzelne. Dann:

7. Zerreißen Sie die Liste. Gott selbst wird für Sie und Ihre Schwiegertochter handeln. Sie braucht Sie und Sie brauchen sie. Gott segne Sie, meine Liebe, und viel Mut!«

Ich freue mich über die Betonung der Dankbarkeit und des Singens am Anfang. Das ist zwar nicht leicht, wenn man in tiefem Kummer und Schmerzen steckt und versucht, einen geistlichen Standort zu finden. Doch wir sollten uns noch einmal die Aloe ansehen – eindeutig, sichtbar, greifbar. Es kann kein lebensfähiger Same entstehen, bevor nicht alles andere zuerst dem Tod ausgeliefert ist. Bevor Jesus den Tod am Kreuz erduldete, erlitt er schon den Tod des Verachtet- und Abgelehntseins. Früher oder später muß auch alle menschliche Liebe leiden. Und wenn es Ablehnung gibt, selbst in weniger ernsten Formen als die, welche die Großmutter beschreibt, werden wir in die Gemeinschaft der leidenden Liebe Christi mit hineingenommen. Alles andere muß diesem inneren Leben weichen. Alles nicht mehr Wesentliche muß losgelassen werden, wie die Schwertblätter der Aloe alle Vitalität verlieren. Die Pflanze konzentriert sich nicht auf den Prozeß des Sterbens. Es ist viel wichtiger, daß wir unsere eigenen *Reaktionen* auf den, der uns beleidigt, beachten, als daß wir die Liste der Verletzungen im Blickfeld haben. Und dann sollten wir diese Reaktionen zum Vater bringen. Auf diese Weise können wir das »Fleischliche« loswerden, können es dem Tod überlassen. Wie wir geistlich wachsen im »Sterben mit Christus«, so werden wir auch zunehmen in der Übereinstimmung mit seinem Leben. »Er muß wachsen, ich aber muß abnehmen.«

Das Zerreißen der Liste unserer Kümmernisse ist ein klarer und freiwilliger Verzicht. Er symbolisiert unsere aus ganzem Herzen kommende Lösung vom Bösen und unseren Entschluß, für ihn zu leben, der für uns starb.

Wenn meine Freundin nicht in ihrem reichen Maß an Leiden Gottes befreiende Antwort gefunden hätte und ihr gehorsam gewesen wäre, wäre sie nicht in der Lage gewesen, dieser anderen Großmutter zu helfen. So aber konnte sie dazu beitragen, »an ihrem armen Fleisch« Christi Leiden zu vervollständigen, um seines Leibes willen, zu dem meine Korrespondentin auch gehört. Empfangenes Leben kann auch weitergegeben werden. Ich glaube kaum, daß sie zunächst daran gedacht hat, später anderen helfen zu können. Sie war wahrscheinlich erfüllt vom Schmerz über die Ablehnung und von der Sorge, daß sie das kostbare Kind nicht in den Armen halten durfte. Uns wird nur selten im voraus gezeigt, welche Absicht Gott mit einer besonderen Prüfung verfolgt. Und auch der Langzeiteffekt, den unser Gehorsam auf andere haben kann, bleibt uns meist verborgen.

Die harte Kruste unseres Selbstschutzes muß geopfert werden. Die dicken, harten Blätter der Aloe müssen schlaff und hilflos werden. Nur so dient ihr Leben der Bildung des Samens. So müssen auch unsere Herzen manchmal unter Druck geraten, bis wir uns hilflos fühlen – doch Gott ist mit uns nicht am Ende.

Kapitel 21

Die Winde Gottes

»Ein Schirokko an einem Maitag kann ein ganzes Feld, über das die letzten Blumen ihren Glanz verbreiten, in eine braune Wüste verwandeln. Der darüber hinweggehende Blick sieht dann nur noch klägliche Überreste. Doch an diesem einen Tag kann der kostbare Same einen Reifeprozeß durchmachen, für den er bei normalem Wetter einen Monat gebraucht hätte. Der glühendheiße Wind, der die sichtbare Zerstörung anrichtete, hat einen kräftigen Schub neuen Lebens bewirkt.«

Die Antwort auf unsere Warum-Frage im Hinblick auf das Leiden kommt nicht unmittelbar und ist auch nichts Abstraktes. Sie ist einfach ein Ruf zur Nachfolge. Wenn wir mit Jesus durch den Bereich unserer alltäglichen Pflichten gehen, lernen wir, was das »Auf-sich-nehmen des Kreuzes« bedeutet. An den Punkten, die wir für unsere starken Seiten hielten, finden wir unerwartet Schwachstellen – eine Gelegenheit zu sterben! Bei dem, was wir glaubten, gut ausführen zu können, entdecken wir plötzlich, daß wir Hilfe brauchen – vielleicht sogar von jemandem, den wir für uns unterlegen hielten – eine weitere Chance, geistlich zu »sterben«. Es ist etwas Beunruhigendes, dieses »seinem Tode gleichgestaltet werden«, und kann nicht geschehen, ohne daß alle Krücken weggeschlagen werden. Wenn wir begreifen, daß Gott an der Arbeit ist, selbst wenn er uns die kleinsten Stützen wegnimmt, dann fällt es uns nicht mehr so schwer zu akzeptieren, daß er auch größere entfernt.

Genau in der Woche, in der ich mit dem Schreiben dieses Buches anfangen wollte, schleppte ich mich mit einer anscheinend nur etwas ungewöhnlich starken Erkältung herum, die von einem tiefsitzenden Husten begleitet war. Ich versuchte, an meinem gewohnten Platz und im üblichen Tempo weiterzuarbeiten. Irgendwie schaffte ich das nicht. Ich konnte keinen klaren Gedanken mehr fassen oder bis zu einem logischen Schluß verfolgen. Ein oder zwei Tage gingen vorbei, an denen fast nichts herauskam. Ich gab mir selbst einen Schubs und dachte: »Mach trotzdem weiter!« Doch ich entdeckte, daß mir eine »Stütze weggeschlagen« worden war. Ich hatte Fieber. Zwar war die Temperatur nur um ein oder zwei Grade erhöht, aber es reichte, um meinen Verstand nicht mehr richtig funktionieren zu lassen. Es war eine heilsame Erinnerung daran, daß »normale« Gesundheit und die Fähigkeit, seine übliche Arbeit zu tun, Gaben Gottes sind, für die ich ihm jeden Tag meines Lebens danken sollte. Zufällig erreichte mich ein Brief (er war von Gott geschickt), in dem stand, daß Gott viel mehr daran interessiert sei, uns zu heiligen, als daran, daß wir eine bestimmte Arbeit erledigen. Ich hatte die Tatsache, daß ich mich nicht wohlfühlte, als ärgerliches Mißgeschick angesehen. Mich störte meine Unfähigkeit, die Arbeit ausführen zu können. Der Brief ließ mich aufhorchen. Die Unterbrechung war wichtiger (so lange sie dauerte) als das Buch. Gott sprach zu mir: »Denk darüber nach, zu welchem Thema du schreibst.«

» ... an diesem einen Tag kann der kostbare Same einen Reifeprozeß durchmachen, für den er bei normalem Wetter einen ganzen Monat gebraucht hätte.«

Ein Besuch beim Arzt ergab, daß es sich nicht um eine normale Erkältung handelte. Die Sache konnte sich zu einer alles andere als gewöhnlichen Situation auswachsen. Ich war so viele Jahre hindurch nicht krank gewesen, daß ich vergessen hatte, was ein bißchen Fieber schon bewirken konnte: Ruhelosigkeit, die Unmöglichkeit, eine erträgliche Lage zu finden, wilde, unzusammenhängende Träume im Halbschlaf, die in mir Erinnerungen an meine einzige Erfahrung mit Äther weckten (sie lag schon fünfundfünfzig Jahre zurück). Das kurze Krankenlager schlug mir tatsächlich einige Stützen weg. Aber die Kürze und Belanglosigkeit der Krankheit ließ mich dann an die wirklich Kranken denken. Ich fragte mich von neuem, ob ich mich vielleicht an Dinge wagte, die zu hoch für mich waren. Konnte ich ein Buch über das Leiden schreiben? Ich frage mich das immer wieder. Das Thema geht weit über meine Intelligenz und meine persönliche Erfahrung hinaus. Doch die Dinge, die es am meisten wert sind, daß man darüber schreibt, sind alle »zu wunderbar für mich«. Es sind Dinge, die so hoch sind, daß ich nicht daran reichen kann. Und das kann meiner Meinung nach auch sonst kein Mensch, der sein eigenes Leiden am Leiden des dornengekrönten und gekreuzigten Königs mißt.

Doch ich schreibe aufgrund des Zeugnisses anderer, die soviel mehr wissen als ich. Ich schreibe in der Hoffnung, daß manche, die sonst nichts davon erfahren würden, sich freuen, wenn sie einiges von diesen Schätzen hier finden.

Amy Carmichael wußte viel von körperlicher Qual, kannte viele Arten von Schmerzen – chronische schwere Kopfschmerzen und Neuralgien, Knochenbrüche, Wirbelsäulenschäden, Blasenkrankheiten und zwanzigjährige Gebundenheit an ihr Zimmer. In ihrem Buch »Rose from Brier« schreibt sie:

»In Südindien ist der Wind oft glühend heiß, und die Luft steigt vom Boden auf wie ein verbrennender Atem... – Solch ein Wind dörrt den Geist aus, entzieht ihm alle Vitalität, läßt nach einem kühlen Plätzchen Ausschau halten. Der Mensch wünscht sich nur ein bißchen Schatten. Aber ob der Wind austrocknet oder scharf oder kalt ist, er kann nur bewirken, daß in Gottes Garten die Düfte strömen.«

Sie bezieht sich dabei auf das Hohelied »Steh auf, Nordwind, und komm, Südwind, und wehe durch meinen Garten, daß der Duft seiner Gewürze ströme.« (Hld 4.16)

In Alexander Solschenizyns Roman »Krebsstation« hatte sich die Ärztin Dontschowa dreißig Jahre lang mit den Krankheiten anderer Leute befaßt. Sie las die Röntgenbilder ihrer Patienten und schaute in ihre flehenden Augen. Und dann entdeckte sie, daß sie selbst an einem bösartigen Tumor erkrankt war. Bis zu diesem

Augenblick hatte sie alle menschlichen Körper auf die gleiche Weise angesehen und die einschlägige Literatur dazu gelesen. Sie kannte sich in der Physiologie und Pathologie aus.

»Dann plötzlich fiel ihr eigener Körper innerhalb weniger Tage aus dem normalen System mit seinen Ordnungen und Funktionen heraus. Sie schien hart auf den Erdboden aufgeschlagen zu sein, wie ein hilfloser Sack, vollgestopft mit Organen – Organe, die jeden Augenblick von Schmerz ergriffen werden konnten und ihr einen Aufschrei entlocken würden...

Ihre Welt war erschüttert, die ganze Ordnung ihrer Existenz auseinandergerissen. Sie war noch nicht tot, und doch mußte sie sich von ihrem Mann, ihrem Sohn, ihrer Tochter und ihrem Enkel und ebenso von all ihrer medizinischen Tätigkeit lösen. Und das, obwohl es ihr eigener Arbeitsbereich war, die Medizin, die jetzt wie ein lärmender Zug über sie hinweg und durch sie hindurch zu rollen schien. An einem einzigen Tag mußte sie alles aufgeben und wurde zur Leidenden – ein blaßgrüner Schatten. Sie wußte lange Zeit nicht, ob sie unwiderruflich bald sterben mußte oder ins Leben zurückkehren durfte.

Irgendwann einmal war ihr klar geworden, daß es in ihrem Leben ein Vakuum an Farbe, Freude, Festlichkeit gab – immer nur Arbeit und Sorgen, Arbeit und Sorgen. Doch wie wunderbar kam ihr nun ihr bisheriges Leben vor! Davon Abschied zu nehmen erschien ihr so undenkbar, daß sie zu schreien begann.«

Ich wurde an Augustins Worte erinnert: »Die wirklichen Freuden des menschlichen Lebens findet man nur durch Schwierigkeiten.« (Übers. a. d. Engl.) Manchmal erkennen wir sie erst im Rückblick. An einem dieser schrecklichen Tage, als mein Mann an Krebs litt, als er die Schmerzen oder den Gedanken an eine weitere Behandlung kaum noch ertragen konnte – und ich es kaum noch ertragen konnte, mit ihm zu leiden – da dachten wir daran, wie wunderbar doch ein einziger normaler Tag für uns sein würde. Mancher, der das liest, mag sich in einer ähnlichen Lage befinden – daß die ganze Existenz in Frage gestellt ist. Das preßt den Notschrei aus uns heraus. Gott spricht zu Ihnen: »Ich bin's. Fürchte dich nicht.«

Paulus begegnete Gott im Hunger, als Schiffbrüchiger, als er geschlagen wurde und als er im Gefängnis saß. »Ich kann niedrig sein und kann hoch sein; mir ist alles und jedes vertraut.« (Phil 4, 12) Die Winde Gottes hatten ihn auf mancherlei Weise erfaßt: er war behindert, stand vor Rätseln, wurde verfolgt und niedergeschlagen. Doch er konnte sagen, daß er niemals in Enttäuschung oder Verzweiflung steckengeblieben war, es niemals hatte ohne Hilfe ertragen müssen, niemals völlig k.o. geschlagen worden war. Und hier ist die Antwort auf das Warum: »Wir tragen allezeit das Sterben Jesu an unserm Leibe, damit auch das Leben Jesu an unserm Leib offenbar werde.« (2. Kor 4, 10)

Die Winde Gottes treffen uns alle irgendwann. Wenn es der heiße Schirokko ist, dann wandelt sich alles in unserem Leben in eine braune Wüste. Da bleibt nichts mehr außer Trümmern. Doch das ist nur das Sichtbare. Erinnern Sie sich an das Wort vom Leiden des äußeren Menschen, der verfällt, während der innere von Tag zu Tag erneuert wird (2. Kor 4, 16)? Erinnern Sie sich an die kleinen, vergänglichen Schwierigkeiten (die tausend Tode), die nur sichtbaren Dinge, und was sie für uns bedeuten? Denken Sie an den Psalm, in dem es heißt: »Doch um deinetwillen werden wir täglich getötet... Warum verbirgst du dein Antlitz, vergissest unser Elend und unsere Drangsal? Denn unsere Seele ist gebeugt zum Staube...« (Ps 44, 23.25.26) Denken Sie an das Versprechen der »über alle Maßen wichtigen Herrlichkeit«, an den ewigen, großartigen, unzweifelhaften Lohn, der über alles Leid weit hinausgehen soll?!

Suchen sie sich einen stillen Platz. Kommen Sie zur Ruhe. Bitten Sie Gott, daß er Ihnen helfen möge, ganz vom Sichtbaren abzusehen und auf das Unsichtbare hinzublicken. Schauen Sie vom Vergänglichen weg auf das Unvergängliche. Alle Einflüsse, Verhältnisse und Lebensumstände (ja, wirklich alle) zielen auf die Herrlichkeit des ewigen Lebens hin – im Plan dessen, der alles kennt vom Anfang bis zum Ende.

Auch das Alter kann solch ein heißer Wind sein, der aus unsichtbaren Wüsten in unser Leben hineinpfeift – vernichtend und austrocknend, in einem Tempo, das uns den Atem nimmt. Der Verschleiß hinterläßt seine unverkennbaren Merkmale auf dem Gesicht, das uns im Spiegel begegnet. Manchmal unheimlich und erschreckend erscheint es uns als das Gesicht eines Fremden. Furcht ergreift uns, wenn wir feststellen, was wir bereits verloren haben, und wenn wir darüber nachdenken, was vor uns liegt. Die Gespenster der Einsamkeit, der Krankheit und Verlassenheit und der zunehmende Kräfteverfall starren uns aus dem welken, runzligen Gesicht entgegen. Doch Gott wird auch dann dasein. Wir brauchen die Zukunft nicht zu fürchten, Gott ist jetzt schon da, und seine Verheißung für uns lautet: »Und wenn sie auch alt werden, werden sie dennoch blühen, fruchtbar und frisch sein.« (Ps 92,14)

Ich habe die biblische Altersgrenze noch nicht ganz erreicht. So bleiben mir vielleicht noch ein paar Jahre. Ich werde nicht jünger werden, aber ich möchte heiliger werden. Als Malcolm Muggeridge am Ende seiner letzten Reise nach Übersee in sein kleines Haus in Sussex zurückkehrte, erklärte er, daß er heimkomme, um sich auf das Sterben vorzubereiten. Er war ein alter Mann, aber hören wir doch die Worte von Jim Elliot, der mit achtundzwanzig Jahren starb: »Wenn es zum Sterben kommt, dann mach dir klar, daß Sterben jetzt das einzige ist, was du noch zu tun hast.« Der einzig sichere Weg zu diesem Punkt bedeutet, jeden Tag so zu leben, als ob es der letzte wäre.

Ich bete darum, daß ich im Heute auf alles Handeln Gottes recht eingehe. Ich weiß, daß die besten Früchte an den am besten beschnittenen Zweigen reifen. Der stärkste Stahl ist derjenige, der durch das heißeste Feuer und das kälteste Wasser gegangen ist. Die tiefste Erfahrung der Gegenwart Gottes macht man im »tiefsten Wasser« oder im »Verlies« oder in der »Löwengrube«. Die größte Freude kommt aus dem größten Kummer heraus.

Soll keiner denken, daß in einem Augenblick
das Tun zu Ende und das Werk geschafft ist.
Auch wenn am frühsten Morgen du begannst,
war kaum es fertig, wenn die Sonne sank.

Kapitel 22

Das eine, was nötig ist

»Die Pflanze hat jetzt auf nichts mehr zu achten außer auf den Schatz, den sie in sich trägt. Ihr Ziel ist ein ganz einfaches geworden. In den alten ›fleischlichen‹ Tagen gab es eine Vielfalt von Anliegen: zwei Ausrichtungen des Lebens mußten auf einmal bewältigt werden – Wurzel und Stengel, Blätter, Blüten und Ranken mußten ernährt werden neben der Samenkapsel und allen Samen. All das ist jetzt vorbei. Die Pflanze zieht sich selbst ganz unauffällig in den inneren Bereich zurück, in dem Gott das vollendet, was ewige Dauer hat.«

Eine liebe Freundin in Ungarn hat diesen einfachen Weg gewählt und ihn über die Vielfalt gestellt. Sie schreibt: »Meine Sehnsucht nach einem Gatten ist da, aber ich habe sie dem Herrn dargebracht. Oft stelle ich mir für mich eine Zukunft als Single vor. Die Gegenwart eines Mannes in meinem Leben wäre eine unerwartete Gabe. Danke, daß Sie für mich beten. Ich möchte keinesfalls mein eigenes, eingebildetes Glück über die Verherrlichung Gottes stellen.«

Eine andere Frau, die sich ernsthaft bemüht, dieses Verzichten zu lernen, schrieb: »Ich sehne mich nach Ehe und Mutterschaft, aber ich möchte auch Gott gefallen. Sind diese Wünsche unvereinbar?« Ich konnte ihr nicht versprechen, daß Gott beides erfüllen würde. Aber ich versicherte ihr, daß bestimmt nichts Sündhaftes in dem Wunsch nach Ehe und Mutterschaft liege. Das war völlig menschlich und normal, aber wie alle unsere Träume von menschlichem Glück mußten auch diese wie bei dem ungarischen Mädchen an Gott ausgeliefert werden. Es geht immer um dieses oberste Ziel: die Verherrlichung Gottes, die am Ende in jedem Fall zu mehr als bloß menschlichem Glück führt – zur Fülle der Freude und zu immerwährender Befriedigung. Wenn sie Gott am besten als Ehefrau verherrlichen konnte, dann durfte sie sicher sein, daß Gott ihr zu seiner Zeit einen Gatten in den Weg schicken würde.

Die Jungfrau Maria hatte nur ein absolut simples Ziel. Sie ist Symbol einer strahlenden Einfachheit, aufrichtig, mit nichts im Sinn, als ihrem Meister zu gefallen. Als er seinen Engel mit einer schockierenden Botschaft zu ihr sandte, lautete ihre Antwort schnell und unmißverständlich »ja«.

Das Akzeptieren des Willens Gottes ist immer eine einfache Sache. Für uns allerdings, die noch recht weit entfernt sind vom Heiligsein, ist es oft nicht leicht. Unser Leben ist kompliziert, unsere Ziele nicht eindeutig, unsere Schau umnebelt. Kein Wunder, daß Jesus uns sagte, daß wir auf die Vögel und die Lilien achten sollten. Wir verbringen viel Zeit mit Reden, und wir schreiben Bücher über tiefgehende Dinge. Aber wir übersehen Gottes kleine Meise, die fröhlich über die schneebeladenen Tannenzweige hüpft und den Samen findet, den Gott dort für sie hat wachsen lassen. Wir achten kaum auf einen so köstlich schlichten Vogel wie diese Meise mit ihrer kleinen schwarzen Kappe und dem grauen Kleid, die so hell flötet und nichts weiter tut, als wozu sie geschaffen ist.

Ich wünsche mir auch, nichts zu tun, als wozu ich geschaffen bin. Ich bin sicher, daß Gott das so will. Wie aber soll ich das erfahren, wenn nicht in der Stille? Wie soll ich hören, wenn ich vom Reden erfüllt bin? Ich muß aufhören mit dem ständigen Aufzählen der persönlichen Wünsche und Gefühle, freiwillig Dinge loslassen, die wichtig erscheinen, aber in Wirklichkeit nichts mit meinem wahren Ziel zu tun haben. Die Sucht, irgend etwas anderes zu wissen und zu haben und zu sein, als was Gott möchte, daß ich es weiß, habe und bin, muß verschwinden.

Das hört sich fast nach Quietismus an. Für manche mag es nach einem trägen und stumpfen Lebensstil klingen, beinahe nach geistlicher Erstarrung, vielleicht sogar nach dem Ideal der Wunschlosigkeit östlicher Religionen. »Wovon wir aber reden, das ist dennoch Weisheit bei den Vollkommenen«, schrieb Paulus, »nicht eine

Weisheit dieser Welt, auch nicht der Herrscher dieser Welt, die vergehen. Sondern wir reden von der Weisheit Gottes, die im Geheimnis verborgen ist, die Gott vorherbestimmt hat vor aller Zeit zu unserer Herrlichkeit.« (1. Kor 2, 6.7)

Wenn wir wirklich glauben, daß Gott uns zu unserer vollen Erfüllung führen will, dann werden wir uns zunehmend danach sehnen, unseren Willen mit seinem in Übereinstimmung zu bringen. Genau im gleichen Verhältnis, wie uns das gelingt, werden wir auch Glück hier auf der Erde finden. Wenn sein Wille hier auf Erden geschieht, ist das ein Vorgeschmack des Himmels, wo sein Wille ja ausschließlich geschieht.

»Glück, der Himmel, ist nichts anderes als eine vollkommene Übereinstimmung, ein freudiges und ewiges Einwilligen aller Kräfte unserer Seele in den Willen Gottes.« (Samuel Shaw)

Wenn wir bei irgendeinem Tun unterbrochen werden (ich vermute, daß der Engel Maria bei einer Hausarbeit antraf), weckt das Ärger in uns. Während ich schreibe, liegen zwei liebe alte Tanten von mir, zwei Schwestern, im Krankenhaus. Was werde ich tun, wenn eine von ihnen stirbt, während ich auf einer Vortragsreise sein sollte? Diese Art von Fragen kann mir sehr schnell den Frieden rauben. Gott stellt ihn wieder her, wenn ich mein Ziel neu ins Auge fasse: ihm zu gefallen. Nichts außer meinem eigenen Willen kann dabei eine Unterbrechung veranlassen. Nichts auf der ganzen Welt. Das ist das einzige, auf das ich achten muß. Und ich bin sicher, daß er mir das möglich machen wird, einerlei was passiert. Falls Tante Anne oder Tante Alice zu einer Zeit sterben sollte, wenn die Beerdigung sich mit meinen Vortragsterminen überschneiden würde, so bedeutet das für Gott ja keine Überraschung. Ich bezweifle nicht, daß er mir meine vorrangige Pflicht klarmacht, wenn es so weit ist. Und bis dahin braucht es nicht meine Sorge zu sein. Wir machen unser Leben unerträglich kompliziert, wenn wir Jesu Gebot, uns nicht um den nächsten Tag zu sorgen, nicht beachten. Für morgen zu *planen*, wenn es notwendig und möglich ist, gehört natürlich zu unserem Alltag. Sich *Sorgen zu machen* um den nächsten Tag gehört nicht dazu. Der Herr gibt uns das »tägliche« nicht das »wöchentliche« Brot. Er gibt soviel Kraft, wie wir für unsere Tage brauchen, aber er gibt sie nicht für Jahre im voraus. Die Arbeit, das Leiden, die Freude mißt Gott uns sorgfältig zu.

Und wenn ich, die ich mich vollkommen wohlfühle, schon versucht bin, mir Gedanken zu machen bloß wegen einer Unterbrechung meines Terminplanes im Hinblick auf wenige Tage, was sollen dann die beiden Tanten machen? Oder all die anderen, in deren Leben plötzlich eine Krankheit ein hartes Stoppschild aufgestellt hat? Können sie weiterhin den Willen des Vaters erfüllen, wenn sie kraftlos auf dem Krankenbett liegen? Bestimmt können sie das. »Diese Krankheit ist nicht zum Tode«, sagte Jesus, als man ihm berichtete, daß Lazarus krank war, »sondern zur Verherrlichung Gottes.« (Joh 11, 4) Krankheit – zur Verherrlichung Gottes? Jesus hätte Lazarus nicht aus dem Grab herausrufen und so die Herrlichkeit Gottes sichtbar machen können, wenn Lazarus nicht krank gewesen wäre. Diese Herrlichkeit Gottes kann durch kranke Menschen auch anders offenbar werden als durch Auferstehung. Die meisten von uns haben seine Kraft in Kranken in Form von Geduld, gelassenem Vertrauen, Selbstlosigkeit, Dankbarkeit und anderen göttlichen Gnaden gesehen. Aber selbst wenn solche Zeichen fehlen, können wir ihm zutrauen, daß er sich auf seine eigene Weise verherrlicht. Der Vater kennt unsere Verfassung und weiß, daß wir nur Staub sind. Sein Mitgefühl hört niemals auf. Sein Arm hält uns, wenn wir zu schwach sind, uns daran zu klammern. Sein Geist betet in uns und für uns in diesem Seufzen, das keine Worte findet. Sein erlösendes Werk geht weiter, wenn wir im Kreis herumlaufen und uns fühlen, als ob wir keinen einzigen Schritt vorwärts kämen.

Gottes Botschaft an Maria wäre den meisten verlobten Mädchen äußerst unangenehm, ja geradezu als Desaster vorgekommen. Sie verursachte ihr nur einen Augenblick der Bestürzung (wie kann das sein?) – das war aber auch alles. Sie machte keine Einwände, stellte keine Fragen, was dabei für sie oder ihren Verlobten herauskommen würde. Ihre Antwort war eine Frucht vollkommenen Vertrauens und lautete ganz einfach: »Mir geschehe, wie du gesagt hast.«

Manchem mag das Wort des Propheten Habakuk einfallen, wenn alles ohne Ergebnis zu bleiben scheint: »Da wird der Feigenbaum nicht grünen, und es wird kein Gewächs sein an den Weinstöcken. Der Ertrag des Ölbaums bleibt aus, und die Äcker bringen keine Nahrung; Schafe werden aus den Hürden gerissen, und in den Ställen werden keine Rinder sein. Aber ich will mich freuen des Herrn und fröhlich sein in Gott, meinem Heil.« (Hab 3, 17.18) Es ist erstaunlich, welches Lob aus unserem Munde kommen kann, wenn wir sozusagen »auf dem tiefsten Punkt eines Abgrundes« angekommen sind.

Das Motto des Apostels Paulus, der immer unterwegs war, lautete: »... ich vergesse, was dahinten ist und strecke mich aus nach dem, was da vorne ist, und jage nach dem vorgesteckten Ziel, dem Siegespreis der himmlischen Berufung.« (Phil 3, 13.14) Und welche große Zahl von offensichtlichen Rückschlägen mußte er erdulden! Zum Beispiel das Gefängnis. Wenn es möglich war, das Gefängnis zu vermeiden, tat er das. (Keiner sollte denken, daß wir uns niemals gegen Unrecht oder Behinderungen oder Rückschläge wehren dürften.) Wenn aber kein Weg daran vorbeiführte, sah Paulus eine Sache nicht mehr als Rückschlag an. Er schrieb an die Epheser, daß sie deswegen den Mut nicht verlieren sollten – sie sollten sich im Gegenteil geehrt fühlen, weil ihm die Gnade anvertraut worden sei, das Evangelium zu den Heiden zu bringen. Es kostete ihn selbst einiges, aber daß er in Ketten im Gefängnis lag, hinderte nicht im geringsten Gottes Plan. Wir können sagen, daß das einfach dem eingeschlagenen Kurs, dem Weg des Gehorsams entsprach und daß alles im voraus in Gottes Plan einbezogen war. Corrie ten Boom pflegte zu sagen: »Gott hat keine Probleme, nur Pläne.« Paulus spricht von der »mannigfaltigen Weisheit Gottes«, welche den Mächten und Gewalten im Himmel durch die Gemeinde kundwerden sollte. »Diesen ewigen Vorsatz hat Gott ausgeführt in Christus Jesus, unserm Herrn.« (Eph 3, 10.11) Achten Sie auf diese himmlischen Mächte und Gewalten, die uns aufmerksam zuschauen (denn wir Christen stellen ja die Gemeinde dar). Denken wir über unsere wichtige Rolle nach, wenn die »mannigfaltige Weisheit« in »Gottes ewigem Vorsatz« dargestellt werden soll? Während Engel warten und beobachten, bleibt unsere Rolle ganz simpel: es heißt, einfach zu vertrauen, einfach zu gehorchen und die Kompliziertheit dem »Manager des Weltalls« zu überlassen.

Nichts würde unser Gleichgewicht stören, wenn unser Ziel ehrlich und eindeutig wäre wie das des Paulus. Als Gefangener mußte er einst eine Seereise durch das Mittelmeer machen. Eines Nachts stand ein Engel bei ihm und sagte ihm, daß er sich trotz des schlimmen Sturmes, der in der Adria tobte, nicht zu fürchten brauchte. Gott würde sein Leben und auch das der anderen, die sich an Bord befanden, retten. Paulus tröstete seine Bewacher und die anderen Passagiere mit der guten Nachricht. Daneben gab es eine weniger gute: das Schiff würde auf eine Insel auflaufen und stranden (Apg 27, 26).

Man möchte annehmen, daß der Gott, der versprochen hatte, alle Mitfahrenden am Leben zu erhalten, die Sache auch vollständig zu Ende gebracht und das Schiff ebenfalls gerettet hätte. Er hätte den Passagieren damit auch die Unannehmlichkeit erspart, auf Balken und anderen Wrackteilen an Land schwimmen zu müssen. Das tat Gott aber nicht. Und so geht es uns auch manchmal. Schiffbrüchig zu sein ist noch kein Weltuntergang. Manchmal paßt das genau zu Gottes Plänen. Es trägt ganz gewiß dazu bei, daß diese Welt uns etwas weniger in ihren Bann zieht, und es lenkt dadurch den Blick eher auf eine weit bessere. Selbst eine wirkliche Katastrophe kann den Frieden eines Menschen nicht zerstören, dessen Ziel unbeirrbar und eindeutig bleibt.

Erst Jahre nachdem ich das erste Mal Witwe geworden war, hörte ich etwas von »Trauerarbeit« und Studien über »die fünf Stufen der Trauer«. Ich weiß nicht mehr, ob man diese unbedingt für alle Menschen als notwendig ansah. Aber ich denke, wenn ich eher davon gehört hätte, hätte ich mich damals verpflichtet gefühlt, jede einzelne bewußt zu durchleben. Vielleicht sind meine Erinnerungen an die ersten Monate meiner Witwenschaft nicht lückenlos. Aber ich bin sicher, daß trotz einer sehr realen Trauer Gott mir begegnete – auf Wegen, von denen die Psychologie nichts weiß. Er gab mir Frieden, der ganz und gar über jede Erklärung hinausging. Und manchmal schenkte er mir eine Fülle an Freude, die, wie die Bibel es nennt, »unaussprechlich« war. Thomas von Kempen kannte den einfacheren Weg eines reinen und vollständigen Vergessens seiner selbst und des eigenen Willens, um die Freiheit des Geistes zu erlangen. Eins seiner Zwiegespräche mit Gott lautet so:

»Mein Sohn, wenn du dich selbst völlig in meine Hände gibst und nichts wieder zurücknimmst, wirst du umso mehr Gnade von mir haben.«

»O Herr, wie oft soll ich mich dir ausliefern, und in welchen Dingen soll ich mich selbst vergessen?«

»Immer und zu jeder Stunde, in großen und kleinen Dingen! Ich erlaube dir keine Ausnahme, sondern ich will dich in allem ganz nackt und bloß und leer von deinem eigenen Willen haben.

Wie kannst du sonst ganz mein, wie kann ich ganz dein sein, solange du nicht von deinem eigenen Willen rein ausgeplündert bist, innerlich und äußerlich? Und je schneller du diese Plünderung vornimmst, desto besser wirst du es haben... Liefere dich mir völlig aus, und du wirst großen inneren Frieden haben.« (Buch III, Kap. 37. Übers. a. d. Engl.)

Die fünf Stufen der Trauerarbeit mögen unerläßlich sein, wenn wir den Eindruck haben, daß wir in ein sinnentleertes Universum abdriften. Aber gibt es nicht kürzere Wege zum Frieden für diejenigen, die aufrichtig an den guten Hirten glauben? Die freundlich von ihm geleitet durch das Tal der Schatten gehen?

Kapitel 23

Auflösung und Zusammenbruch

»Betrachte die letzte Wachstumsphase der Pflanze, bevor das darin keimende neue Leben frei ist zur Entfaltung. Da findet eine Auflösung und ein Zusammenbruch statt, wie es vorher nie geschehen ist. Mit dem Reifen des Samens tritt bei der Pflanze eine solche Sprödigkeit auf, daß es fast unmöglich ist, ein paar Stiele zu pflücken, ohne sie in zwei oder drei Stücke zu zerbrechen. Die reifende Samenkapsel ist genauso spröde. Man kann sie kaum berühren, ohne daß die gesamte Krone uns in Stücken in die Hand fällt.«

Als der junge Augustin noch fern von Gott war, weinte seine Mutter Monika um ihn »mehr, als Mütter weinen um der Kinder leiblichen Tod« – so schrieb er. »Meiner Seele Tod sah sie in ihrem Glauben und im Geist, den du ihr gegeben. Und du, Herr, hast ihr Flehn erhört, hast sie erhört und hast die Tränen nicht verachtet, die aus ihren Augen strömend den Boden netzten, wo immer sie zu dir betete.« Sie verabscheute und haßte die Gotteslästerungen ihres Sohnes derart, daß sie den Eindruck hatte, nicht mehr mit ihm im selben Haus leben zu können. Doch Gott änderte ihren Sinn und tröstete sie in ihren Ängsten durch einen Traum, in dem ihr versichert wurde, daß er schließlich gerettet werden würde.

»Denn fast neun Jahre lang noch mußte sie ... harren. Und all die Zeit wälzte ich mich im tiefen Schlamm und in den Finsternissen meines Irrtums, und nur tiefer ward ich hineingestoßen, wenn ich versuchte, mich daraus zu erheben. Meine Mutter aber, eine Witwe, so wie du sie liebst, keusch, fromm und klug, hörte nicht auf, immer wieder in den Stunden ihres Gebetes Wehklagen um mich zu dir emporzusenden, schon hoffnungsfreudig zwar, doch nicht träger darum im Weinen und im Klagen. *Vor dein Angesicht stiegen ihre Gebete,* und doch ließest du es zu, daß ich mich wälzte und vergrub in dieser Finsternis.« (Bekenntnisse III. Buch, 11. Kap S. 77)

Im geistlichen Bereich muß es immer ein Zerbrechen und eine Auflösung geben, bevor das darin eingewirkte Leben frei ist, um sich zu entfalten. Denen, die in Tränen säen, ist versprochen worden, daß sie in Freude ernten sollen. Es mögen aber lange Jahre des Betens und Flehens vergehen, ohne daß es etwas zu bewirken scheint.

Als Gideon den Auftrag bekam, die Midianiter anzugreifen, mußten vorher die Tonkrüge über den Fackeln zerschlagen werden, bevor das Licht leuchten konnte. Vielleicht dachte Paulus an diese Geschichte, als er davon schrieb, daß wir nur irdene Gefäße seien – aber mit einem unschätzbaren Inhalt: dem Licht der Erkenntnis von Gottes Herrlichkeit. Der, der viele Arten »des Zerschmetterns verdunkelnder Gefäße kennt«, ließ ein helles Licht durch alle Zeiten scheinen.

Eine Frau hatte dieses Licht Gottes zu vielen sexuell mißbrauchten Mädchen getragen. Irgendwann schrieb sie mir einmal von den Gefühlen des Zorns und des Verletztseins dieser Mädchen, die sie dem himmlischen Vater gegenüber empfanden. Von ihm hätten sie erwartet, daß er sie vor allem Bösen schützen würde. Er hatte es nicht getan. Es überraschte mich nicht, daß diese Frau selbst ein »zerbrochenes Gefäß« war: zweimal geschieden, mit einem behinderten Kind, von unaufhörlichen Schmerzen gequält, die ihr oft den Schlaf raubten und ihr die Arbeit erschwerten (sie muß den Unterhalt für ihre Familie verdienen). Sie hatte in sich selbst ein Meer von Verletzungen empfunden und fühlte sich von Gott nicht geliebt, sondern abgelehnt. Doch diese Gefühle hatte sie nun, wie sie sagte, »... vor Ihn, in Sein Licht« gebracht. Und da hatte Er begonnen, sie Seine Liebe erkennen zu lassen.

»Ich stimme Ihnen vollständig zu im Hinblick auf das Akzeptieren des Leides als einer Gabe und als eines Opfers für den Herrn. Zu Zeiten intensiven emotionalen oder physischen Schmerzes stelle ich mir tatsächlich einen Abendmahlskelch voller Leiden vor, den ich zu dem Herrn emporhebe als einziges Opfer, das ich bringen kann. Wenn das Leiden stark genug ist, überfällt es das ganze Leben, so daß sonst nichts übrigbleibt (fragen Sie eine Frau in den letzten Phasen einer schweren Geburt – oder jeder Art von »Geburt«!). Man kann das Leiden nur annehmen und es dann dem Herrn hinhalten ... opfern ... Wenn die Schmerzwellen hochkommen (manchmal mehrmals in wenigen Minuten), dann halte ich inne und ziehe mich zum Beten zurück. Ich bitte den Herrn dann um nichts, sondern gebe nur meiner Liebe zu ihm Ausdruck. Ich habe festgestellt, daß die Spannung und der Streß ständiger Schmerzen dann nachließen.«

So wird es in allen Altersstufen, aus allen Ecken der Welt bezeugt: Leiden ist notwendig. Leiden ist der Schlüssel zur Existenz. Das Leid öffnet uns den Blick für die zentrale Bedeutung des Kreuzes im Leben eines Christen. Und es befähigt uns, den gekreuzigten Erlöser vor der übrigen Welt zu erhöhen. Wie dankbar bin ich für die Menschen, die uns so klar gezeigt haben, daß der Weg durchs Leiden uns zu herrlichen Dingen führt.

Lilias Trotter veranschaulicht in ihren Parabeln und Zeichnungen, wie in der Stunde äußerster Existenzbedrohung der Same beginnt, seinen Sinn zu erfüllen. Wenn alles nur noch ohne Leben scheint, alles früher so Schöne abgefallen oder verhüllt ist, dann hat jedoch die unsichtbare, wunderbare Kraft Gottes ihr Tun nicht eingestellt. Sie wirkt leise, im geheimen an den Samen und an uns. »Der Geist, ist's, der lebendig macht; das Fleisch ist nichts nütze. Die Worte, die ich zu euch geredet habe, die sind Geist und Leben. Aber es gibt einige unter euch, die glauben nicht.« (Joh 6, 63.64)

Als ich in einem Motelzimmer in Kalifornien über dem Entwurf dieses Kapitels saß, ging mir plötzlich etwas vom Wunder des verborgenen Lebens im Samen auf. Der Schöpfer, der das alles so bestimmt hatte, zeigte es vor langer Zeit der jungen englischen Künstlerin dort in der Wüste Nordafrikas. Sie erkannte die tiefe

Bedeutung vom Kreislauf des Lebens bei der Wüstenflora, und das erhellte ihren eigenen Leidensweg. Dann zeichnete sie vor mehr als einem halben Jahrhundert ihrerseits das, was sie erkannt hatte, gewissenhaft auf. Und hier war ich nun und sog das Ergebnis aus ihrem kleinen Buch vielleicht schon zum zehnten Mal durstig in mich hinein. Da saß ich mit der Schreibunterlage auf dem Schoß und hatte die Füße auf einen Stuhl gelegt. Plötzlich ging das Telefon. Es war Walter, mein Schwiegersohn. Er bat um Hilfe bei einem Brief, den er zu schreiben versuchte. Die Aussagen, die ich aus den »Parables of the Christ-Life« vor mir hatte, waren gerade das, was er brauchte.

Auf diese Weise vervielfacht sich das Leben – aber nur, wenn der Same in den Boden fällt und stirbt. Lilias Trotter hatte keine Ahnung, wie weit die goldenen Körner verstreut werden würden.

Das Licht leuchtet weit umher, weil der »Krug« zerbrochen wurde. (s. Gideon, Ri 7)

Gott wies der Witwe von Zarpath die Armut zu, damit sie aus dieser Situation heraus dem Propheten etwas geben sollte.

Durch seinen Leidensweg gab Gott Joseph die Macht, das Leben seiner Brüder zu retten, die ihn doch haßten. Er nannte seinen Sohn Ephraim, weil er damit sagen wollte: »...denn Gott... hat mich wachsen lassen in dem Lande meines Elends.« (1. Mose 41, 52)

Gott gab Paulus den Pfahl im Fleisch, gab ihm das »Glück«, für andere Christen zu leiden.

Jesus sprach von seinem eigenen Kelch des Leidens, den der Vater ihm gegeben hatte.

Fällt es uns zu schwer zu glauben, daß der treue Hirte, der uns auf Wegen der Gerechtigkeit geleitet, seine guten Gründe hat, uns auch Leidenswege zu führen? Können wir dem Wort nicht vertrauen: »...deine Wahrheit währet für und für. Sie steht noch heute nach deinen Ordnungen; denn es muß dir alles dienen.« (Ps 119, 90.91)? Ist es zu schwer für uns zu glauben, daß Gott uns mit dem Leid Gaben schenkt – aus denen durch seine umwandelnde Kraft etwas entsteht, das unendlich viel bedeutet, nicht nur für uns, sondern auch für andere?

Herr, ich glaube, hilf meinem Unglauben!

Kapitel 24

Der göttliche Fahrplan ist fehlerfrei

»Es gibt einen ganz bestimmten Augenblick, in dem der Same reif ist zur Ablösung. Alles ist vorbereitet: die Haken oder Spitzen oder das klebrige Sekret, alles, was der Same braucht, um am Boden Halt zu finden. Auf diese Weise erhält der erste frische Trieb, wenn seine Zeit da ist, die Möglichkeit, ›seinen Grabstein‹ zu heben und ans Licht zu kommen. Sogar der Schwerpunkt ist so angebracht, daß der Keim, wenn er aus der Umhüllung fällt, sich gerade in der Position seines zukünftigen Wachstums befindet. Würde es einen Tag zu früh aus der Umhüllung gerissen, wäre diese wunderbare Vorbereitung verschwendet und zunichte gemacht.«

Als Satan Jesus in der Wüste ansprach, stellte er ihm drei Versuchungen vor Augen. In jeder lag die Möglichkeit zum Guten und zum Bösen. (Hätte der fleckenlose Sohn Gottes von reinem, unverschleiertem Bösen versucht werden können? »Ich glaube nicht, daß der Sohn Gottes davon versucht werden konnte, aber ich glaube, daß er von einem guten Gedanken gelockt werden konnte, einer Versuchung nachzugeben, die für ihn eben doch böse gewesen wäre und das Universum ruiniert hätte.« [Nach George MacDonald »Unspoken Sermons«]) Die dritte Versuchung war vielleicht die stärkste von allen. Jesus wurden alle Reiche der Welt und ihre Herrlichkeit angeboten, wenn er Satan anbeten würde. Was hätte er mit solcher Macht nicht alles tun können? Großartige Gedanken mögen ihm gekommen sein: daß er etwa eine korrupte Regierung durch eine gerechte ersetzen oder die Welt mit dem Wissen von Gott erfüllen konnte, wie das Wasser des Meeres weite Teile der Erde bedeckt.

Alle Tränen konnte er wegwischen, den Armen gute Nachrichten predigen, Gefangene befreien, Blinde sehend machen, die Unterdrückten in Freiheit führen – all dies mag ihn in Versuchung gebracht haben, das Angebot anzunehmen. Doch das war nicht der ihm von Gott bestimmte Weg. In äußerster Schwachheit war er in unsere Welt gekommen – durch Zeit und Raum begrenzt wie wir. Er würde Straßen wandern, die alle gingen, müde und durstig sein, verleumdet und mißverstanden werden, verachtet, abgelehnt und gehaßt. Er würde gefangengenommen, gebunden, geschlagen und ausgepeitscht werden, man würde ihm die Augen verbinden, ihn mit Dornen krönen, ausziehen und ans Kreuz nageln – in Schwachheit, sagt die Schrift (2. Kor 13, 4).

All das hätte er wohl vermeiden können, wenn er das Angebot Satans angenommen hätte. Warum sollte jemand den Weg des Leidens wählen, wenn er eine andere Möglichkeit hatte? Jesus war aus einem einzigen Grund in die Welt gekommen – und nur aus diesem: den Willen des Vaters zu tun. Er machte sein Angesicht hart wie einen Kieselstein, um genau diesen Weg zu gehen – in vollkommener Harmonie mit diesem Willen. Er suchte keine Ausweichmöglichkeit und keine Abkürzung oder einen leichteren Weg. Er wollte wie der Same, der mit seinem Schwerpunkt vollkommen angemessen eingestellt ist und in Ruhe den richtigen Augenblick für seine Entfaltung abwartet, sich treu an Gottes Weg und Gottes Zeit halten.

Seine Nachfolger verstehen das.

Paul Schneider, ein 1897 geborener deutscher Pfarrer, weigerte sich, dem Regime Adolf Hitlers Gehorsam zu leisten. Nach mehrmaligen Verwarnungen und Verhaftungen wurde er ins KZ Buchenwald gebracht, wobei er Frau und sechs Kinder verlassen mußte. Weil er es abgelehnt hatte, das Hakenkreuz zu grüßen, wurde er in Einzelhaft in den berüchtigten »Bunker« gesteckt. Nach einem Jahr ununterbrochener Folter starb er 1939. Bevor man ihn nach Buchenwald brachte, schrieb er an seine Frau, daß die Würfel gefallen seien und man ihn zur Strafe in ein Konzentrationslager schicken würde. Ein freundlicher Gefängniswärter erlaubte ihm, einen letzten Brief zu schreiben:

»Wie wir es bis heute getan haben, so wollen wir es auch in Zukunft halten: wir wollen auf Gott allein trauen, in Demut und Geduld von ihm allein alles Gute erwarten und ihn allein lieben, fürchten und ehren von ganzem Herzen. Dieser Gott wird mit uns sein, und wir werden in unserer Hoffnung nicht zuschanden werden. Seid getröstet und treu im Glauben und fürchtet euch nicht. Ihr seid alle meinem Herzen nahe. In Gott sind wir nicht getrennt. Seid von Herzen dankbar für all diese Liebe. Wir wollen dankbar sein für diese schöne Zeit der Vorbereitung für härtere Prüfungen. Neue Leiden sollen uns neue Erfahrungen mit unserem Gott und neuen Glanz bringen.

Christus spricht: ›Ich bin bei euch alle Tage...‹
In Liebe, Dein Paul.«

Paul Schneider und sein Meister legten Seele und Körper in freudigem Verzicht auf den Altar des Vaters. Er sollte damit machen, was er wollte. Sie ruhten in dem Vertrauen, daß Gott keine Fehler macht, weder in seinem Zeitplan noch anderswo. Bei der Hochzeit von Kana wußte Jesus, daß seine Stunde noch nicht gekommen war. Und er wußte es auch, als es dann so weit war. Kurz nach seinem Einzug in Jerusalem sagte er, daß die Stunde da sei, in der der Menschensohn verherrlicht werden sollte. Er sollte nicht der König werden, als den die Menge ihn mit Hosianna-Rufen begrüßt hatte, sondern das Weizenkorn, das sterben mußte. In Gethsemane sagte er zu den müden Jüngern: »... die Stunde ist da, daß der Menschensohn in die Hände der Sünder überantwortet wird. Steht auf, laßt uns gehen! Siehe, er ist da, der mich verrät.« (Mt 26, 45.46) Er machte keinen Fluchtversuch. Als der Mob, von Judas angeführt, mit Schwertern und Keulen herankam, ging er geradewegs auf ihn zu und fragte, wen sie suchten.

»Jesus von Nazareth«, lautete die Antwort, worauf er sagte: »Ich bin's.« Diese Reaktion des Gesuchten verblüffte die Häscher so, daß sie zurückwichen und zu Boden fielen. Tag um Tag, wenn er mit ihnen zusammen im Tempel gewesen war, hatte keiner eine

Hand gegen ihn erhoben. Doch jetzt war der Augenblick gekommen: »...dies ist eure Stunde und die Macht der Finsternis.« (Lk 22,53)

Und so war es auch. Die Zeit war erfüllt – in einem *bestimmten* Augenblick in der menschlichen Geschichte, an einem *bestimmten* Freitag, als Pontius Pilatus Prokurator von Judäa war, fand das Werk Jesu auf Erden seinen Höhepunkt auf einem *bestimmten* Hügel außerhalb der Mauern von Jerusalem. Es gibt einen *bestimmten* Augenblick, wo der Same absolut reif für das Abfallen ist. Seine Spitzen und Häkchen sind vorbereitet, sein Schwerpunkt ist ausgerichtet und im Zusammenwirken aller Kräfte der Natur ist alles Notwendige geschehen. So fand auch der Tod, den Christus sterben mußte, als ob er ein gemeiner Verbrecher gewesen wäre, unter politischen und religiösen Umständen statt, über die der Vater die souveräne Kontrolle hatte. Die Finsternis erhielt die Erlaubnis, sich auszutoben.

Ein »Ja« Jesu zum Angebot Satans in der Wüste hätte einen schnellen und leichten Weg zu einer anderen Art von Herrlichkeit bedeutet. Es hätte auch ein »Nein« zum Willen des Vaters bedeutet. »Ja« zu seinem Willen und »nein« gegenüber Satan hieß, den geraden Weg zum Kreuz einschlagen. Der Prophet Jesaja beschrieb diesen Weg Jahrhunderte früher:

> »Er hatte keine Gestalt und Hoheit. Wir sahen ihn, aber da war keine Gestalt, die uns gefallen hätte. Er war der Allerverachtetste und Unwerteste, voller Schmerzen und Krankheit. Er war so verachtet, daß man das Angesicht vor ihm verbarg; darum haben wir ihn für nichts geachtet.
>
> Fürwahr, er trug unsere Krankheit und lud auf sich unsere Schmerzen. Wir aber hielten ihn für den, der geplagt und von Gott gestraft und gemartert wäre. Aber er ist um unserer Missetat willen verwundet und um unserer Sünde willen zerschlagen. Die Strafe liegt auf ihm, auf daß wir Frieden hätten, und durch seine Wunden sind wir geheilt.

Wir gingen alle in die Irre wie Schafe, ein jeder sah auf seinen Weg. Aber der Herr warf unser aller Sünde auf ihn. Als er gemartert ward, litt er doch willig und tat seinen Mund nicht auf wie ein Lamm, das zur Schlachtbank geführt wird; und wie ein Schaf, das verstummt vor seinem Scherer, tat er seinen Mund nicht auf.

Er ist aus Angst und Gericht hinweggenommen. Wer aber kann sein Geschick ermessen? Denn er ist aus dem Lande der Lebendigen weggerissen, da er für die Missetat meines Volkes geplagt war. Und man gab ihm sein Grab bei Gottlosen und bei Übeltätern, als er gestorben war, wiewohl er niemand Unrecht getan hat und kein Betrug in seinem Munde gewesen ist. So wollte ihn der Herr zerschlagen mit Krankheit. Wenn er sein Leben zum Schuldopfer gegeben hat, wird er Nachkommen haben und in die Länge leben, und des Herrn Plan wird durch seine Hand gelingen.

Weil seine Seele sich abgemüht hat, wird er das Licht schauen und die Fülle haben. Und durch seine Erkenntnis wird er, mein Knecht, der Gerechte, den Vielen Gerechtigkeit schaffen; denn er trägt ihre Sünden.

Darum will ich ihm die Vielen zur Beute geben, und er soll die Starken zum Raube haben, dafür daß er sein Leben in den Tod gegeben hat und den Übeltätern gleichgerechnet ist und er die Sünde der Vielen getragen hat und für die Übeltäter gebeten.« (Jes 53, 2-12)

Der Weg der Selbstverleugnung führte zu einer Herrlichkeit und einer Majestät, wie sie Satan mit all der Macht, die er Christus dort in der Wüste anbot, niemals vortäuschen konnte.

»Darum hat ihn auch Gott erhöht und hat ihm den Namen gegeben, der über alle Namen ist, daß in dem Namen Jesu sich beugen sollen aller derer Knie, die im Himmel und auf Erden und unter der Erde sind, und alle Zungen bekennen sollen, daß Jesus Christus der Herr ist, zur Ehre Gottes, des Vaters.« (Phil 2, 9-11)

Kapitel 25
Eine Heimat in der Wüste

»Die Samen vom Storchschnabel stehen, wenn sie reifen, wie Pfeile im Köcher zusammen, mit den Spitzen nach unten und den gefiederten Schäften senkrecht nach oben. Wenn die Zeit für sie kommt, aktiv zu werden, läßt die Wärme der Sonne sie aufspringen. Das geschieht so schnell, daß man fast sehen kann, wie sie sich krümmen und infolge ihrer fortgesetzten Kontraktionen in eine Spirale verwandeln.

Sie fallen durch das Gewicht des Samens mit der Spitze nach unten, und dann beendet die Sonne das begonnene Werk. Gründlicher arbeiten noch die scharfen Winde, und so bohren sich die Samen dann hinein in den härtesten Boden. So groß ist die merkwürdige Kraft der Durchdringung, von der sie trotz ihrer Schwachheit angetrieben werden, daß sie sich bis zum Schaft einbohren und nur die letzte lange Rundung flach auf der Oberfläche zu sehen ist. Dann bricht diese ab und hinterläßt den Samenkopf tief verborgen im Boden.«

Besteht nun das Leben eines Christen nur aus Opfer und Kummer und Leiden? Nein, und tausendmal nein. Diejenigen, die am meisten von Opfern und Kummer und Leiden erfahren haben, bezeugen völlig einstimmig Freude und Frieden und Segen, weil sie in diesen Erfahrungen den Schlüssel zu ihrer Existenz entdeckt haben. Ist es für uns, die wir die gewaltigen Privilegien und den entsetzlichen Luxus unseres Landes für selbstverständlich halten, zu spät, uns nach diesen Schätzen umzusehen?

Meine ungarische Freundin ist davon überzeugt, daß ich, wie die meisten Westler, die Härte der Situation in ihrem Land übertreibe. Ich vermute, daß sie damit recht hat – die Gegensätze sind für einen gelegentlichen Besucher zu schockierend. Sie sagt:

»Ich habe niemals in meinem Leben Härten in dieser Hinsicht empfunden. Alles, was ich an Problemen und Leid erfahren habe, war gänzlich privater und persönlicher Natur und hätte mir in jedem anderen Land auch passieren können. Ich bin in Amerika gewesen und habe durchaus Vergleichsmöglichkeiten. Das einzige, um das ich euch beneiden könnte, ist der unvergleichlich höhere Lebensstandard, die berühmten Annehmlichkeiten, die für die amerikanische Gesellschaft kennzeichnend sind. Nein, ich leugne nicht, daß ich in einem Land lebe, wo Nachlässigkeit, mangelnde Organisation, Bürokratie, staatliche Verwaltung, Faulheit, die wirtschaftliche Krise und all das übrige ihr Bestes tun, um uns das Leben zu verbittern. Wenigstens auf diesem Gebiet bin ich nicht verwöhnt, und damit ist es für mich in geistlicher Hinsicht kein Verlust, sondern eher ein Gewinn. Oft lächle ich über naive junge Westler, die keine Ahnung haben von den Wohnungsproblemen eines jungverheirateten Ehepaares, das nicht weiß, wo es bleiben soll. Sie reisen von London nach Amsterdam und zurück so einfach wie ich von Budapest zum Plattensee. Sie regen sich auf, wenn sie zu viele Eier zu essen bekommen oder zuviel rohes Fleisch, weil das ihrer kostbaren Gesundheit schaden könnte. Wie wollen diese Menschen jemals lernen, auf etwas zu verzichten und zufrieden zu sein mit dem, was sie haben? Ich schäme mich eher, daß ich im Überfluß lebe, während Menschen in Transsylvanien (westliches Rumänien) hungern. Das Leben ist hier niemals unerträglich gewesen, und eine Ungarin zu sein, entschädigt mich für alles. Ich liebe mein Land.«

Ein anderer Osteuropäer fragte mich, ob ich dächte, daß Amerika von den Christen seines Landes einiges lernen könne. Ich antwortete, daß ich hoffte, diese Christen könnten uns die Bedeutung des Leidens klarmachen, denn wir sind ja »Gottes Erben und Miterben Christi, wenn wir denn mit ihm leiden, damit wir auch mit zur Herrlichkeit erhoben werden« (Röm 8, 17). Die Aussage ist klar: wenn wir das Leiden vermeiden, dann werden wir auch an der

Herrlichkeit vorbeigehen. Jeremia schrieb: »Wenn es dich müde macht, mit Fußgängern zu gehen, wie wird es dir gehen, wenn du mit Rossen laufen sollst? Und wenn du schon im Lande, wo keine Gefahr ist, Sicherheit suchst, was willst du tun im Dickicht des Jordans?« (Jer 12, 5)

Wenn wir jemals dazu berufen sein sollten, großes Leiden auf uns zu nehmen, wie wollen wir das ertragen, wenn wir nicht gelernt haben, mit Christus bereitwillig unsere kleinen Probleme zu teilen? Wie wollen wir es anstellen, andere zu retten, wenn wir schon in unbedeutenden allgemeinen Schwierigkeiten vor allem darauf bedacht sind, uns selbst zu retten? Jesus konnte so nicht handeln. (»Er hat andern geholfen und kann sich selber nicht helfen...« Mk 15, 31)

Die Gelegenheit »zu sterben« ist für jeden von uns immer gegeben. Die Ereignisse eines Tages sind uns von demselben Gott gegeben, der sich die komplizierte Gestalt des Storchschnabelsamens ausdachte. Mit äußerstem Feingefühl bereitet er uns auf geheimnisvollen Wegen vor und lehrt uns, wie wir unsere täglichen Tode annehmen sollen, ob es nun kleine, unbedeutende sind wie bissige Bemerkungen oder gesellschaftliches Nichtbeachtetwerden, eine unwillkommene Aufgabe oder das Eintreffen unserer schlimmsten Befürchtungen.

Eine Missionarin, der ich die Kassette mit dem Text von Lilias Trotters Büchlein sandte, schrieb:

»Als ich den ›Parables of the Cross‹ zuhörte, bestätigte mir das die Richtigkeit eines flüchtigen Blicks, den ich vor kurzem in das Geheimnis des Unsichtbaren getan habe. Das Kreuz, von dem ihr beide sprecht, war meinem tieferen Verständnis bisher entgangen – trotz jahrelanger christlicher Erziehung. Die vergangenen Jahre haben mir eine brutale, aber lange überfällige Erschütterung meiner beruflichen Situation und meines Selbstwertgefühls gebracht. Ich verlor das Vertrauen in Beziehungen und den Ruf emotionaler Stabilität (auch unter Drucksituationen).«

Es war etwas vorgefallen, worüber sie schwieg. Dann fährt sie fort:

»Letzte Woche nun war ein Höhepunkt erreicht und die verstandesmäßige Zustimmung zum Leiden nicht mehr möglich. Ich entschied mich dafür, von einem bestimmten Kreuz herabzusteigen. Ich warf es beiseite in einem Akt, der damals trügerischerweise wie Überleben aussah – es war Flucht.

Und dann passierte etwas Merkwürdiges. Eine neue Not machte sich bemerkbar, aber eine, die eher Einsicht als Verzweiflung mit sich brachte. Denn plötzlich fühlte ich mich – nun nicht mehr unter dem Schatten des Kreuzes – bloßgestellt, ungeschützt. Die Freiheit wegzulaufen, die Entscheidungsmöglichkeit, nicht zu lieben, war immer noch da, aber (ich wage es zu sagen) der Trost des Kreuzes war weg. Jenes geheime innere Wissen um die lebendige Gegenwart eines anderen unter aller Schwere der Belastung war nicht mehr da. Ein unausgesprochener Bund war gebrochen. Christus stand entehrt neben mir. Der Zugang zu seiner Herrlichkeit war nicht mehr da.

Ich dachte sofort an Markus 8,34 – die Befehlsform: ›...der nehme sein (persönliches) Kreuz auf sich‹. Wenn es mir auch irgendwann einmal aufgelegt worden war, jetzt war es eindeutig meine Sache, es zu akzeptieren – um Seinetwillen und um meinetwillen. Ich betete: ›Gib mir das Kreuz wieder‹ – eine schockierende Bitte, wenn man die Härte des Leidens und die Vorgeschichte des bitteren Klagens bedenkt.

Und das Kreuz kam zurück, nur noch schwerer als vorher. Doch diesmal habe ich es eifersüchtig umarmt, ungeachtet der Schwachheit, und es war, als ob ich ›nach Hause‹ gekommen wäre. Die mir nur allzu bekannte Situation des Leidens wurde zum erwünschten Zufluchtsort, der geforderte Gehorsam zur willkommenen Aufgabe. Niemand hätte mehr überrascht sein können als ich selbst. Vielleicht kann Er mir jetzt das sagen, was ich endlich zu hören bereit bin. Die allumfassende Partnerschaft war wieder erneuert.«

Diesen Brief habe ich so oft gelesen, daß er nahezu unkenntlich geworden ist. Ich habe ihn mit mir herumgetragen, ihn intensiv studiert, anderen seinen Inhalt mitgeteilt und darum gebetet, daß sein Inhalt mir tief im Herzen verankert werden möchte. Welch eine Aussage: »der Trost des Kreuzes«! Ich verstehe jetzt die Worte eines bekannten Liedes sehr viel besser. Es ist Elizabeth Clephanes »Unter dem Kreuz«.

»Eine Heimat in der Wüste,
ein Rastplatz auf dem Weg ...

und vor allem die Worte der Strophe, die im allgemeinen in modernen Gesangbüchern weggelassen ist:

O sicherer, seliger Ruhort
O Zuflucht, erprobt und warm!
O Platz, wo des Himmels Liebe
gerecht macht den, der arm.«

Heimat, Ruhe, Schutz, Zuflucht. Dieses Kreuz, dieses Instrument der Hinrichtung, diese Balken aus wirklichem Holz, diese Nägel aus realem Eisen – hier, und hier allein, finden wir den Schlüssel des Leidens, den Schlüssel zu unserer eigenen Existenz auf diesem so schwer angeschlagenen Planeten. Jesus Christus, dessen reales menschliches Fleisch den Peitschenhieben, den Dornen und den Nägeln unterworfen war, verwandelte dieses Kreuz durch seine vollkommene Auslieferung daran in Liebe – Liebe zu seinem Vater, Liebe zu uns, seine hilflosen, sündigen, leidenden, verzweifelten Kinder.

Aber, so mögen wir einwenden, es gibt verschiedene Kategorien des Leidens: manche sind eine Folge davon, daß wir treue Nachfolger Christi sind, mancher Kummer und manches Unglück gehören ganz allgemein zum menschlichen Leben dazu, aber manche sind auch die unmittelbare Folge unserer eigenen Sünde. Wir ernten, was wir säen. Müssen wir nicht beim Leid der letzten Kategorie einfach gute Miene zum bösen Spiel machen? Können wir erwarten, daß Gott auf Strafe verzichtet, die wir reichlich verdient haben?

Zuerst müssen wir uns daran erinnern, daß er *alles* – all die Strafe für alle Sünden der ganzen Welt – auf sich nahm. Er bezahlte den vollen Preis. Er, das Lamm, erwählt vor Grundlegung der Welt, litt damals für uns und leidet heute mit uns, unabhängig von der Ursache unserer Schwierigkeiten. Wenn wir leiden, leidet er mit.

Und dann müssen wir auch bedenken, daß Taten Konsequenzen haben, denen wir uns, solange wir auf dieser Erde leben, nicht entziehen können. Aber alle Strafe, alle Erziehungsmaßnahmen von Gott, kommen von einem liebenden Vater, dessen einziges Ziel ist, uns ihm ähnlich zu machen – nämlich heilig. So wollen wir diese Dinge demütig annehmen und auf seine Liebe vertrauen, was weit davon entfernt ist, nur gute Miene zum bösen Spiel zu machen. Natürlich wissen wir nicht immer, zu welcher Kategorie unser Leiden gehört, wenn wir mittendrin stecken. Manchmal ist es auch ein Gemisch, aber trotzdem bleibt nur das Kreuz unsere Zuflucht.

Ich hörte einen geschiedenen Mann von seiner Enttäuschung im Hinblick auf seine Frau reden, von ihren Fehlern, ihrer Herzlosigkeit, der Schädigung seines Rufes durch sie, die er empfand.

»Warum hat Gott mich so eine Frau heiraten lassen? Ich habe darum gebetet. Ich dachte, sie wäre eine Christin. Ich dachte, daß sie mich liebte, wie ich geliebt werden wollte. Ich konnte es schließlich kaum noch aushalten. Ich habe Jahre der Einsamkeit durchlitten - schrecklicher Einsamkeit. Ich weiß nicht, ob Sie ahnen, was das heißt.«

Gab es da irgendeinen Fehler bei ihm? Wieviel hatte er verursacht? Hatte er sie geliebt, wie Christus die Gemeinde liebte? Hatte er sein Leben für sie hingegeben? Verdiente er etwas von der Behandlung, die ihm widerfahren war? Wie war er mit ihr umgegangen? Ich weiß die Antworten nicht und konnte ihn auch nicht danach fragen. Es war zu spät, um diese Ehe wieder zu flicken. *Sie* war schon lange wieder verheiratet, während *Er* immer noch auf »die schlechten Karten« starrte, die ihm zugeteilt worden waren. Was konnte man also noch sagen? »Sie werden nur im Kreuz Frieden finden. Bringen Sie alles unter das Kreuz und lassen Sie es dort.« Ich tat mein Bestes, um zu erklären, was das bedeutete: ihr vergeben, ihre Vergebung erbitten, Gott bitten, ihn zu lehren, was er lernen sollte durch den Preis, den er bezahlen mußte.

Die Unordnung und der Kummer meines Lebens, ob sie nur auf meine eigenen Fehler zurückgehen oder allein auf die Fehler eines anderen Menschen, vielleicht eine Mischung von beiden oder auch keiner von beiden Seiten zuzuschreiben sind, haben mir die Chance eingeräumt, jedesmal ein bißchen mehr über die Bedeutung des Kreuzes zu lernen. Was kann ich tun mit den Sünden anderer?

Nichts als das, was ich auch mit meinen eigenen tue – und was Jesus mit allen tat – sie ans Kreuz bringen. Legen Sie sie an seinem Fuß nieder und lassen Sie sie dort. Das Kreuz ist meine Heimat geworden, mein Rastplatz, mein Bergungsort, meine Zuflucht.

Kapitel 26

Für die Freude, die vor uns liegt

»Denken Sie nach über die goldene Furche am Samen des des wilden Hafers. Jede Spitze und jedes Haar sind so gestellt, daß das Korn vorwärts gleitet und nicht zurückgestoßen wird. ›... da wandte er sein Angesicht, stracks nach Jerusalem zu wandern‹ – und zum Kreuz.«

Als ich eines Tages mit meiner Tochter Valerie telefonierte, hörte ich im Hintergrund Heulen und Singen.
»Was ist denn da los?« fragte ich.
»Oh, das ist Elisabeth. Sie singt im Bad, um Jim ein bißchen aufzuheitern. Er will sich die Ohren nicht waschen lassen!«
Elisabeth war sieben, Jim zwei Jahre alt. Ich fragte, was sie singe.

»Weil er lebt, kann ich auf morgen schaun,
Weil er lebt, ist alle Angst vorbei,
Weil ich weiß, daß er die Zukunft kennt.
Und das Leben ist wert, gelebt zu werden
allein deshalb, weil er lebt!«

Ein Zweijähriger muß manchmal heulen. Von der Auferstehung singen bei einem kleinen Jungen, der Seife in den Augen hat, bedeutet Salz in eine Wunde streuen. Wir können nachfühlen, wie weh das tut.
Die Auferstehung ist jedoch der Anker unserer Hoffnung. Wir wissen, daß der Himmel nicht hier ist. Er ist dort. Wenn uns jeder Wunsch hier erfüllt würde, würden sich unsere Herzen mehr an diese Welt klammern als an die andere. Durch tausend Variationen

solcher Situationen mit »Seife in den Augen« lockt Gott uns beständig aufwärts und weg von diesem Reich der Schmerzen, zu sich und seinem noch unsichtbaren Königreich. Da werden wir das finden, wonach wir uns so sehr sehnen – falls wir uns dazu hergeben, durch die »enge Tür« einzutreten.

»... Und er wird bei ihnen wohnen und sie werden sein Volk sein; und Gott wird abwischen alle Tränen von ihren Augen, und der Tod wird nicht mehr sein, noch Leid noch Geschrei noch Schmerz wird mehr sein; denn das Erste ist vergangen.« (Offb 21, 3.4)

Die Bibel beginnt mit einer Situation der Vollkommenheit und endet mit einer Situation der Vollkommenheit. Dazwischen aber spielt die Geschichte von menschlicher Sünde und göttlicher Gnade, der Gnade, die niemals aufhört und sich niederbeugt zu den geliebten Sündern. Die biblische Geschichte ist wahrhaftig gegenüber der dunklen Seite und gegenüber der hellen Seite der Ereignisse, gegenüber offenkundigem Ungehorsam und heroischem Gehorsam, gegenüber Chaos und Ordnung, Leiden und Freude – alles ist darin inbegriffen, zusammen mit Gott dem Vater, der immer irgendwo im Schatten steht und über den Seinen wacht.

Joseph war das Opfer der Eifersucht seiner Brüder und der Wut einer abgewiesenen Verführerin. Doch durch viele Jahre des Leidens hindurch bewirkte Gott die Erlösung seines Volkes.

Esther, ein wunderschönes jüdisches Mädchen im Harem eines persischen Königs, riskierte ihr Leben, um ihr Volk zu retten. Sie hatte gehört, daß der König ein Gebot erlassen hatte, wonach ihre Glaubensgenossen ausgerottet werden sollten.

Daniel warf man in die Löwengrube, weil er sich geweigert hatte, einem bestimmten Gebot des heidnischen Königs zu gehorchen. Dadurch wurde er zu einem der überragenden Helden, dessen Taten lauter redeten als jede Predigt. Er machte für uns deutlich, daß der Glaube an Gott Gehorsam ohne Rücksicht auf die Konsequenzen bedeutet. Es heißt dann nicht nur tun oder sterben, sondern manchmal auch tun und sterben. Daniel war zu beidem bereit.

Für Jona wurde die Schreckenshöhle eines Fischbauchs zum Ort geistlicher Erleuchtung und Reue.

Die Ketten, die Paulus im Gefängnis tragen mußte, bestärkten das Vertrauen der philippischen Christen auf den Herrn. Sie gewannen mehr Mut, das Wort Gottes ohne Furcht zu verkünden. Eine ungenannte Krankheit führte Paulus dazu, daß er das Evangelium auch zu den Galatern brachte.

All diese Ereignisse waren mit quälenden emotionalen Leiden verbunden. Wir können versuchen, uns in Gedanken in die Löwengrube oder mit Joseph ins Gefängnis zu versetzen. Wir können uns bis zu einem gewissen Grad vorstellen, wie es Esther zumute war, als sie auf das Zeichen des Königs wartete, ob er sie nun empfangen wollte oder nicht. Hören wir mit Daniel auf das Knurren der Löwen, das den Herzschlag aussetzen macht – wann wird der erste den Sprung aus dem Dunkel tun? Riechen und fühlen wir mit Jona den stinkenden Schleim, den Meerestiere im Innern haben. Liegen wir mit Paulus im Schmutz des Gefängnisses. Wenn schon das körperliche Leiden schlimm war, das seelische und gefühlsmäßige muß es bei weitem übertroffen haben – wie lange soll das noch dauern? Werden wir es durchhalten können? Wie wird die Sache ausgehen? Hat Gott mich vergessen?

Viel moderner Kummer fällt in diese Kategorie: – Verlassensein von Eltern oder dem Ehepartner, Depressionen und psychische Krankheiten, die Last der Suchtgefährdung oder der Homosexualität bei einem Menschen, den wir lieben, die unauslöschliche Erinnerung an sexuellen Mißbrauch.

Gibt es keine Linderung für solche Qual? Der Duft des »Balsams von Gilead« durchdringt die heilige Geschichte. Männer und Frauen in Angst und Not und Hilflosigkeit aller Art fanden Trost und Frieden. Dieser Balsam hat bis heute seine wiederherstellende Kraft nicht verloren. Eine Frau, deren Kindheit angefüllt war mit unbeschreiblichem Mißbrauch und mit Beschmutzung, nannte mir drei Grundsätze, die ihr Leben umgewandelt hatten. Ich habe keine solchen Erfahrungen gemacht, daher bin ich froh, daß sie mir erlaubte, ihren Bericht hier weiterzugeben.

1. Vergebung ist ganz wesentlich – Mk 11, 25. Es ist so heimtückisch angenehm, sich mit »Recht« ärgerlich, ver-

letzt, deprimiert, nachtragend zu fühlen. Solange wir den Quälgeistern unserer Kindheit nicht vergeben, wie Jesus uns Menschen vergab, als wir ihn am Kreuz quälten, werden wir in unserem Leben keine geistliche Freiheit genießen. Das ist lediglich ein Willensakt. Wir müssen ihnen vergeben wollen, und dann wirkt Gott die Vergebung in unseren Herzen.

2. Das Vertrauen auf Gottes Souveränität ist der nächste Punkt (1. Mose 50, 20). Wenn ich Gott im Hinblick auf meine Zukunft vertraue, dann muß ich seiner Souveränität auch meine Vergangenheit überlassen. Er hätte die Dinge verhindern können. Er ließ zu, daß es geschah. Er macht keine Fehler. Er hat bis heute alles wohlgemacht.

Wenn man das Leben Josephs betrachtet, wird es unmöglich, noch über »Ungerechtigkeiten« unseres Lebens zu klagen. Menschliche Ungerechtigkeit ist nur ein Meißel in der Hand Gottes. Das Werkzeug mag scharf und grausam erscheinen, aber der Bildhauer ist der Inbegriff von Freundlichkeit und Liebe.

3. Der Blick muß auf die unsichtbare Welt gerichtet sein (Kol 3, 1-4). Dieses Leben ist nichts weiter als ein Dampf. Meine Kindheit ist dann nicht mehr als ein Augenzwinkern. Ich darf jetzt und für immer mich an Gottes Liebe und den wunderbaren Dingen, die er für mich geplant hat, freuen. Vielleicht ist es einer von Satans schlausten Tricks in diesem Zeitalter der Psychoanalyse, den Blick nur nach innen zu lenken. Das Wort Gottes fordert uns auf, nach oben zu blicken, den alten Menschen auszuziehen, den neuen anzuziehen und dann loszugehen.

Ein paar Schriftstellen, die ihr dabei geholfen haben, sind folgende:
»Denn mein Vater und meine Mutter verlassen mich, aber der Herr nimmt mich auf.« (Ps 27, 10)

»Kann auch ein Weib ihres Kindleins vergessen, daß sie sich nicht erbarme über den Sohn ihres Leibes? Und ob sie seiner vergäße, so will ich doch deiner nicht vergessen. Siehe, in die Hände habe ich dich gezeichnet.« (Jes 49, 15.16)

»Laß dich nicht vom Bösen überwinden, sondern überwinde das Böse mit Gutem.« (Röm 12, 21)

»Meine Brüder, ich schätze mich selbst noch nicht so ein, daß ich's ergriffen habe. Eins aber sage ich: ich vergesse, was dahinten ist, und strecke mich aus nach dem, was da vorne ist, und jage nach dem vorgesteckten Ziel, dem Siegespreis der himmlischen Berufung Gottes in Christus Jesus.« (Phil 3, 13.14)

Das, glaube ich, bedeutet das »Umfassen« des Kreuzes. Hier ist eine Frau, die in der Tragödie ihrer Kindheit die Gegenwart und die Erhabenheit Gottes gefunden hat. Ihr Ohr wurde für sein Wort geöffnet. Und durch die völlige und friedevolle Annahme einer unsagbar schlimmen Erfahrung und ihre demütige Selbsthingabe hat sie im Austausch seine Gnade empfangen. Diese ermöglicht es ihr, zu vergeben, zu vertrauen und ihren Blick auf das Unsichtbare zu richten.

Der Herr des Himmels wünscht und sucht unsere Gesellschaft (erinnern wir uns an seine Worte an die Jünger: ›Wollt ihr auch weggehen?‹). Doch wir kommen auf diesem Weg nicht weit, wenn wir alle Dinge ablehnen, die uns schwerfallen. Unsere geistliche Lehrzeit zeigt nur dann einen Fortschritt, wenn wir ehrlich beachten, was der Meister tut, und ihm dabei nachfolgen. Wir sollten nicht nach Schutz gegen den Wind fragen, der dabei an uns zerrt. Wir sollten das Gesicht gegen den Wind halten und sein Kreuz aufnehmen und umfassen.

Ein fröhliches Annehmen der Härten öffnet den Weg zur Herrlichkeit. Johannes hatte eine große Vision vom Thron Gottes. Dieser war von einem Regenbogen »wie ein Smaragd« umgeben. Blitze und Donnerschläge gingen von ihm aus. Der Seher begann zu weinen, weil niemand würdig war, das Siegel der Schriftrolle zu brechen, die der Eine auf dem Thron in der Hand hielt. Einer der Ältesten sprach Johannes an: »Weine nicht! Siehe, es hat überwunden der Löwe aus dem Stamm Juda, die Wurzel Davids, aufzutun das

Buch und seine sieben Siegel.« (Offb 5, 5) Und dann sah Johannes – nicht die goldene Mähne des Königs der Tiere mit glühenden Augen und wedelndem Schwanz, sondern ein kleines Lamm mit einer tödlichen Wunde, als ob es geschlachtet worden sei. Als das Lamm die Schriftrolle nahm, fielen die himmlischen Gestalten und die Ältesten, die um den Thron standen, vor ihm nieder. Und dann sangen sie ein neues Lied: »Du bist würdig, zu nehmen das Buch und aufzutun seine Siegel; denn du bist geschlachtet und hast mit deinem Blut Menschen für Gott erkauft...« Danach hörte der Seher Tausende und Abertausende von Engelstimmen, und sie riefen: »Das Lamm, das geschlachtet ist, ist würdig, zu nehmen Kraft und Reichtum und Weisheit und Stärke und Ehre und Preis und Lob.« (Offb 5, 12)

Alles, was die Welt so verzweifelt sucht, empfing das Lamm, aber nicht durch Angriffe, sondern durch Verzicht und Auslieferung. Das ist das Prinzip des Kreuzes. Es nimmt die Schwachen an und macht sie stark. Es nimmt unsere Sünde und verleiht uns dafür Christi Gerechtigkeit. Aus Bindungen werden wir gelöst. Die Dunkelheit wird vom Licht überwunden. Verlust wandelt sich in Gewinn.

Vielleicht liest ein Mensch diese Zeilen, der gerade von Depressionen überflutet wird. Motivationslosigkeit, Haß auf sich selbst und die Überzeugung, nichts mehr wert zu sein, erfüllen ihn. Die Menschen der Umgebung bieten ihre oberflächlichen kleinen Trostpflaster an und wecken doch nur Feindschaft und das verstärkte Gefühl, daß alles vorbei ist, daß es keine Antwort gibt. Das Leben scheint nur noch eine leere Hülse zu sein.

Lange bevor Johannes seine Offenbarungen auf Patmos erfuhr, hatten die Propheten bereits von wunderbaren Veränderungen geschrieben. Jesaja z. B. berichtete von Pinien und Myrten, die Kameldornbäume und Gestrüpp ersetzen sollten. Schmuck statt Asche, Freudenöl statt Trauerkleidern, Lobgesang statt eines betrübten Geistes sollte es geben (Jes 61, 3). Nehemia redete von Segnungen anstelle von Flüchen, der Psalmist von Tanzen und Freuen, wo vorher Klagen und Weinen zu hören war, und von grünen Weiden statt wüstem Land. Waren das nur unrealistische Visionen?

Auch Jesus sprach von solchen Verwandlungen. Die Armen, die Belasteten, die Hungrigen und Durstigen, die Verfolgten – sie alle würden glücklich sein, würden das Königreich des Himmels erben, Trost finden, Erfüllung erleben, reichen Lohn erhalten. Waren das nur Brotkrümel, die er da angeboten hatte?

Der Apostel Paulus war hingerissen von diesen Aussichten: – das Verwesliche sollte das Unverwesliche anziehen, Schwäche sollte in Kraft, Niedrigkeit in Herrlichkeit, Sterblichkeit in Unsterblichkeit, Armut in Reichtum, häßliche Körper in strahlend schöne verwandelt werden. Der Fluch des Gesetzes sollte durch den Segen Abrahams ersetzt werden. War das alles Wahrheit oder ein Phantasiegebilde?

Erinnern wir uns noch einmal an die goldene Furche des wilden Haferkorns: jede Spitze und jedes Haar so angeordnet, daß der Same vorwärts gleitet und nicht zurückgestoßen werden kann. Warum? Weil eine goldene Ernte folgen soll. Und Jesus – um der Freude willen, die vor ihm lag – akzeptierte, umfaßte und erduldete das Kreuz. Und für alle, die ihm nachfolgen, die wie er das Angesicht »hart wie einen Kieselstein« machen und es ablehnen, zurückgestoßen zu werden, ist die gleiche Freude in Aussicht. Er betete: »... damit meine Freude in ihnen vollkommen sei.« (Joh 17,13)

Kapitel 27

»Und es wird keine Nacht mehr sein...«

»Alles ist dem Höhepunkt des Lebens nahegekommen. Die Samenkapsel erfüllt nun ihre größte Aufgabe. Die letzten Umhüllungen sind abgefallen, und von einer jeden solchen Abriß- und Abbruchstelle her wird der nackte Same auf die Reise geschickt und gelangt in direkten Kontakt zum Erdreich. Plötzlich, wie durch ein Wunder, setzt die Entwicklung ein, und ein frischer grüner Trieb wird sichtbar.«

Die Botschaft des winzigen Samens ist ein Gleichnis für das menschliche Leben. Ohne diese Deutung bleibt das Leiden ein unerforschliches Geheimnis. Das große »Weizenkorn« der Heiligen Schrift zeigt uns den Hintergrund einer Liebe, die durch Leiden führt.

Wenn wir dich noch nie gesucht haben, dann tun wir es jetzt. Deine Augen glühen in der Dunkelheit, sie sind unsere einzigen Sterne.
Wir sehen die Dornenspuren auf deiner Stirn.
Wir brauchen dich, o Jesus der Wunden.

Die Himmel erschrecken uns, sie sind zu ruhig.
Im ganzen Universum finden wir keinen Platz.
Unsere Wunden schmerzen – wo ist der Balsam?
Herr Jesus, durch deine Wunden rechnen wir auf deine Gnade.

Die andern Götter waren stark, doch du warst schwach.
Sie fuhren in Wagen, doch du stolpertest zu deinem Thron.
Zu unsern Wunden können nur Gottes Wunden reden,
und kein anderer Gott hat Wunden außer dir.

Tausende haben es bezeugt, daß sie nur durch eigene Verletzungen den in der Tiefe kennengelernt haben, dessen Wunden für uns sprechen. Thomas weigerte sich, an den auferstandenen Christus zu glauben, bis dieser ihm seine Hände und Füße zeigte. »Wir brauchen dich, o Jesus der Wunden.«

Wir beugen uns in Dankbarkeit vor seiner Willigkeit, den Kelch zu trinken, den der Vater ihm gab. Dieser Kelch war ja um soviel bitterer als das, was er *uns* an Leiden zumißt. Sollen wir uns weigern, oder sollen wir mit beiden Händen zugreifen, bei dem, was an uns herankommt? Wir sollten uns klarmachen, daß dabei nur das geschieht, was zu unserer geistlichen Entwicklung nötig ist. Unser Leid verliert seinen Stachel, wenn wir an den Weg Jesu denken. Wir »trinken den Kelch«, indem wir ihn im Vertrauen akzeptieren, und Gott verwandelt ihn zu seiner Ehre. So kann aus unserem Leiden ein Opfer werden, ein Liebesopfer und ein Lobopfer für Gott. Und unser Ehrgeiz wird dabei vielleicht ebenso radikal verändert wie der von Paulus, der sagte:

»*Ihn* möchte ich erkennen und die Kraft seiner Auferstehung und die Gemeinschaft seiner Leiden und so seinem Tode gleichgestaltet werden.« (Phil 3, 10)

Vor uns steht die höchste Erfüllung unseres Lebens. Das Wunder wird geschehen. Wir wissen den Zeitpunkt nicht genau, aber »... seine Knechte werden ihm dienen und sein Angesicht sehen, und sein Name wird an ihren Stirnen sein. Und es wird keine Nacht mehr sein, und sie bedürfen keiner Leuchte und nicht des Lichts der Sonne; denn Gott der Herr wird sie erleuchten, und sie werden regieren von Ewigkeit zu Ewigkeit.« (Offb 22, 3-5)

Eine Zusammenstellung der Gründe fürs Leiden

»Denn der Herr verstößt nicht ewig; sondern er betrübt wohl und erbarmt sich wieder nach seiner großen Güte. Denn nicht von Herzen plagt und betrübt er die Menschen.« (Klgl 3, 31-33)

Man könnte einige der Gründe, die die Bibel uns nennt, vielleicht in vier Kategorien zusammenfassen.

Erstens: wir leiden um unsertwillen

damit wir lernen, wer Gott ist	Ps 46, 1.10; Dan 4, 24-34. Das Buch Hiob
damit wir vertrauen lernen	2. Kor 1, 8.9
damit wir gehorchen lernen	Ps 119, 67.71
Erziehung ist ein Beweis der Liebe des Vaters und der Echtheit unserer Kindschaft	Hebr 12, 5-11
Leiden gehört zur Nachfolge	Apg 14, 22; Lk 14, 26-27.33
es wird vom Jünger Jesu ebenso verlangt wie von einem Soldaten	2. Tim 2, 4

wir werden »beschnitten« wie die Weinreben, damit wir Frucht bringen	Joh 15, 2
damit wir in das Bild Christi hineingestaltet werden	Röm 8, 29
damit wir die Voraussetzung dafür bekommen, Miterben Christi zu sein	Röm 8, 17
damit wir mit Christus regieren können	2. Tim 2, 12
damit unser Glaube gestärkt wird	Jak 1, 3; 2. Thess 1, 4.5; Apg 14, 22
damit der Glaube geprüft und gebessert wird	Jes 43, 2; Dan 11, 35; Mal 3, 2; 1. Kor 3.13; 1. Petr 1, 7
damit wir geistliche Reife erreichen,	Jak 1, 4
Kraft erreicht ihre höchste Stärke in der Schwachheit	2. Kor 12, 9
damit in uns Geduld, Bewährung und Hoffnung wächst	Röm 5, 3-4
damit in uns Freude und Großzügigkeit entstehen	2. Kor 8, 2

Zweitens: Wir leiden um der Gemeinde willen

damit die Gläubigen die Seligkeit gewinnen	2. Tim 2, 10
um den Glaubensgenossen Mut zu machen	Phil 1, 14
damit – weil der Tod in uns zur Auswirkung kommt – das Leben in ihnen sichtbar werden möge	2. Kor 4, 12; Gal 4, 13; 1. Joh 3, 16
damit die Gnade mächtiger wird	2. Kor 4, 15
damit unsere Großzügigkeit anderen zum Segen werden kann	2. Kor 8, 2

Drittens: wir leiden um der Welt willen

Damit sie sehen kann, was Liebe und Gehorsam bedeuten	Buch Hiob; Joh 14, 31; Mt 27, 40-43
weil das Leben Christi an unserem menschlichen Fleisch sichtbar werden soll	2. Kor 4, 10

Viertens: wir leiden um Christi willen

damit wir mit ihm in seinem Sterben am Kreuz identifiziert werden	Gal 2, 20
Leiden ist eine Konsequenz des Glaubens	Ps 44, 23; Apg 9, 16; 14, 22;

	2. Tim 3, 12; Joh 15, 18-21; 1. Thess 1, 6; 3, 4
damit wir teilhaben an seinem Leiden	1. Petr 4, 12-13; Phil 1, 29; 2, 17; Phil 3, 8.10; Kol 1, 24; 2. Tim 1, 8; Hebr 13, 13
damit wir teilhaben an seiner Herrlichkeit	Röm 8, 17.18; Hebr 2, 9-10; 2. Kor 4, 17

hänssler

Elisabeth Elliot
Musik in meinem Herzen

Pb., 176 S.,
Nr. 393.664, ISBN 3-7751-3664-9

In sprachlicher Schönheit vermittelt Elisabeth Elliot Zuversicht und Hoffnung für den Alltag und immer wieder die Sicht, sich in Anfechtungen und Nöten von Gottes Verheißungen trösten zu lassen. Sie verweist auf die Verbindlichkeit in Gottes Wort und macht Mut, darauf zu vertrauen. Freuen Sie sich auf Impulse, die Ihre Stille Zeit sowie eine kurze Andacht in der Familie oder Gruppe inspirieren und neue Perspektiven aufzeigen.

Bitte fragen Sie in Ihrer Buchhandlung nach diesem Buch!
Oder schreiben Sie an den Hänssler Verlag, D-71087 Holzgerlingen

hänssler

Elisabeth Elliot
Licht ist stärker als Finsternis
Episoden aus einem reichen Leben

Pb., 110 S.,
Nr. 393.773, ISBN 3-7751-3773-4

Ehrlich nimmt Elisabeth Elliot Sie mit hinein in ihre Lebenserfahrungen. Themen sind u. a. Liebe und Vergebung. Die 21 Episoden eignen sich auch hervorragend zur Vorbereitung von Andachten.

Elisabeth Elliot
100 Ermutigungen

Pb., 300 S.,
Nr. 394.007, ISBN 3-7751-4007-7

Die kurzen Episoden aus Elisabeth Elliots Leben und die ungezwungenen Gedanken zu Worten der Bibel sind hervorragend geeignet als Einstieg bei Hauskreisen sowie zur persönlichen Ermutigung.

Bitte fragen Sie in Ihrer Buchhandlung nach diesem Buch!
Oder schreiben Sie an den Hänssler Verlag, D-71087 Holzgerlingen